Hombre verdadero

Nathan Busenitz
editor general

La misión de *Editorial Portavoz* consiste en desarrollar y distribuir productos de calidad —con integridad y excelencia—, desde una perspectiva bíblica y confiable, que animen a las personas a conocer y servir a Jesucristo.

MEN OF THE WORD
Copyright © 2011 by Nathan Busenitz
Published by Harvest House Publishers
Eugene, Oregon 97408
www.harvesthousepublishers.com

Edición en castellano: *Hombre verdadero* © 2024 por Editorial Portavoz, filial de Kregel Inc., Grand Rapids, Michigan 49505. Traducido con permiso. Todos los derechos reservados.

Traducción: Rodrigo Hinojosa
Maquetación y composición del ebook: www.produccioneditorial.com

Ninguna parte de esta publicación podrá ser reproducida, almacenada en un sistema de recuperación de datos, o transmitida en cualquier forma o por cualquier medio, sea electrónico, mecánico, fotocopia, grabación o cualquier otro, sin el permiso escrito previo de los editores, con la excepción de citas breves o reseñas.

A menos que se indique lo contrario, todas las citas bíblicas han sido tomadas de la versión Reina-Valera © 1960 Sociedades Bíblicas en América Latina; © renovado 1988 Sociedades Bíblicas Unidas. Utilizado con permiso. Reina-Valera 1960™ es una marca registrada de American Bible Society, y puede ser usada solamente bajo licencia.

El texto bíblico indicado con "NBLA" ha sido tomado de la Nueva Biblia de las Américas, © 2005 por The Lockman Foundation. Todos los derechos reservados.

El texto bíblico indicado con "NVI" ha sido tomado de la Santa Biblia, NUEVA VERSIÓN INTERNACIONAL®, © 1999, 2015 por Biblica, Inc.® Reservados todos los derechos en todo el mundo.

Las cursivas añadidas en los versículos bíblicos son énfasis de los autores.

EDITORIAL PORTAVOZ
2450 Oak Industrial Drive NE
Grand Rapids, MI 49505 USA
Visítenos en: www.portavoz.com

ISBN 978-0-8254-5042-6 (rústica)
ISBN 978-0-8254-7154-4 (Kindle)
ISBN 978-0-8254-7155-1 (epub)

1 2 3 4 5 edición / año 33 32 31 30 29 28 27 26 25 24

Impreso en los Estados Unidos de América
Printed in the United States of America

*De parte de los colaboradores,
para nuestro pastor y maestro,
John MacArthur.*

*Gracias, John, por mostrarnos con fidelidad,
tanto en tu predicación como en tu vida,
lo que significa ser un hombre de la Palabra.*

*Somos tremendamente bendecidos
por haber servido en Grace Community Church
bajo tu liderazgo.*

Contenido

Prólogo: El hombre verdadero camina con Dios   7
JOHN MACARTHUR

Prefacio: La clave para convertirte en un hombre piadoso   11
NATHAN BUSENITZ

1. El hombre verdadero anda por fe
   Lecciones de la vida de Abraham.   15
   NATHAN BUSENITZ

2. El hombre verdadero encuentra su satisfacción en Dios
   Lecciones de la vida de Salomón   27
   RICK HOLLAND

3. El hombre verdadero atesora la Palabra de Dios
   Lecciones de la vida de Josías.   42
   TOM PATTON

4. El hombre verdadero ora con valentía
   Lecciones de la vida de Elías   55
   JUSTIN MCKITTERICK

5. El hombre verdadero disfruta de la adoración
   Lecciones de los salmistas de Israel   69
   JOHN MARTIN

6. El hombre verdadero huye de la tentación
   Lecciones de la vida de Timoteo   82
   ANDREW GUTIERREZ

7. El hombre verdadero se arrepiente de su pecado
   Lecciones de la vida de David.   95
   MARK ZHAKEVICH

8. El hombre verdadero rehúsa claudicar
   Lecciones de la vida de Daniel   108
   KELLY WRIGHT

9. **El hombre verdadero dirige con valor**
   Lecciones de la vida de Nehemías 121
   JONATHAN ROURKE

10. **El hombre verdadero ama a su esposa**
    Lecciones de la vida de Pedro 134
    RICH GREGORY

11. **El hombre verdadero pastorea a su familia**
    Lecciones de Efesios 5–6 146
    JIM PILE

12. **El hombre verdadero trabaja duro**
    Lecciones del libro de Proverbios 161
    AUSTIN DUNCAN

13. **El hombre verdadero ama a sus enemigos**
    Lecciones de la vida de Eliseo 175
    JESSE JOHNSON

14. **El hombre verdadero comparte el evangelio**
    Lecciones del libro de los Hechos 189
    KEVIN EDWARDS

15. **El hombre verdadero ama a la iglesia**
    Lecciones de la vida de Pablo 202
    BRENT SMALL

Apéndice: El hombre verdadero busca la pureza............215
BILL SHANNON

PRÓLOGO

El hombre verdadero camina con Dios

JOHN MACARTHUR

Si examinamos la vida de los justos en las Escrituras, una característica se vuelve rápidamente evidente: todos caminaron con Dios, en dulce comunión y en sincero compromiso con Él. Los patrones de su vida correspondían con la pasión de su corazón: conocer al Señor y obedecerlo. Al igual que Enoc, caminaron con Dios en devoción privada y en compañerismo íntimo (Génesis 5:22-24). Al igual que Noé, caminaron con Dios en despliegues públicos de justicia, incluso cuando la cultura a su alrededor estaba totalmente corrompida (Génesis 6:9). Al igual que Abraham, caminaron con Él en sus decisiones personales, incluso cuando Dios los llamó a creer en promesas aparentemente imposibles (Génesis 17:1). La prioridad de su vida era honrar a Dios en todo y actuaron de forma correspondiente.

Estos hombres fieles también llamaron a otros a caminar con Dios. Moisés y Josué, por ejemplo, recordaron en repetidas ocasiones a los israelitas que debían vivir "andando en sus caminos" (Deuteronomio 8:6; cp. 10:12; Josué 22:5). El Señor prometió a su pueblo que, si ellos caminaban con Él, Él caminaría también con ellos. Él mismo les dijo en Levítico 26: "Si anduviereis en mis decretos y guardareis mis mandamientos, y los pusiereis por obra […] andaré entre vosotros, y yo seré vuestro Dios, y vosotros seréis mi pueblo" (vv. 3, 12). ¡Qué promesa tan asombrosa!

Unas pocas generaciones más tarde, el pueblo se dio media vuelta y se alejó de Dios (Jueces 2:17, 22). A partir de la época de los Jueces y hasta el cautiverio en Babilonia, los ciclos de desobediencia nacional y de castigo divino plagaron a Israel. Siguió habiendo quienes caminaron con Dios... líderes como David (1 Reyes 3:14), Ezequías (2 Reyes 20:3) y Josías (2 Reyes 22:2; 23:3). Sin embargo, la mayoría de los gobernantes de la nación anduvieron en caminos de idolatría y de inmoralidad (ver 2 Reyes 8:18; 10:31; 16:3; 21:21). Aunque los profetas los llamaron continuamente con palabras como "caminaremos a la luz de Jehová" (Isaías 2:5; cp. Jeremías 26:4; Ezequiel 20:19; Oseas 14:9; Miqueas 4:5), el pueblo no los escuchó. Como resultado, tanto el reino del norte como el del sur terminaron por caer ante sus enemigos.

El rey David en especial conoció la importancia crítica y el gozo inimaginable de caminar con Dios. Él mandó a su hijo Salomón a hacer lo mismo (1 Reyes 2:3) y, este, al menos al principio, pareció deseoso de seguir la instrucción de su padre (1 Reyes 8:58). Por tanto, no es de sorprender que los libros de Salmos y Proverbios estén llenos de exhortaciones a andar en los caminos de Dios (p. ej.: Salmos 81:13; 119:3; 128:1). Los hombres que hacen esto andan en integridad (Salmos 15:2), sin mancha (Salmos 101:6) y conforme a los mandamientos de Dios (Salmos 119:1, 35). No siguen las sendas del malvado (Salmos 1:1; Proverbios 4:14), sino que andan en rectitud (Proverbios 14:2) y en sabiduría (Proverbios 28:26). Como resultado, reciben la bendición de Dios. Salomón lo expresó de esta manera: "Abominación son a Jehová los perversos de corazón; mas los perfectos de camino le son agradables" (Proverbios 11:20).

Cuando llegamos al Nuevo Testamento, caminar con Dios sigue siendo un tema destacado. Los creyentes no deben andar según la carne (Romanos 8:4) ni según la antigua manera de vivir (Efesios 4:17). En cambio, deben andar en el Espíritu

(Gálatas 5:16, 25), en novedad de vida (Romanos 6:4), en amor (Efesios 5:2), en buenas obras (Efesios 2:10), en verdad (2 Juan 4) y en una manera digna del Señor (Colosenses 1:10; 1 Tesalonicenses 4:1). Deben caminar por fe (2 Corintios 5:7), como hijos de luz (Efesios 5:8; 1 Juan 1:7), como sabios (Efesios 5:15), conforme a los mandamientos de Dios (2 Juan 6), tal como Cristo mismo anduvo (1 Juan 2:6). Mientras corren la carrera de la fe, deben mantener su vista en Cristo (Hebreos 12:2). También pueden encontrar ánimo al mirar atrás a los ejemplos fieles de los santos del Antiguo Testamento (Hebreos 11:1–12:1).

Al igual que los creyentes de la época bíblica, los hombres cristianos en la actualidad son llamados a caminar en obediencia, en verdad y en piedad. Por supuesto, nada en este mundo facilita esta labor. La cultura va de mal en peor, y la iglesia, en muchos casos, se ha vuelto débil y superficial. Los que defienden la pureza personal y doctrinal a menudo son acusados de estar fuera de sintonía o de ser poco amorosos. La tentación de claudicar es grande. Sin embargo, Dios está buscando a los que han de permanecer fieles. En 2 Crónicas 16:9 se nos recuerda: "Los ojos de Jehová contemplan toda la tierra, para mostrar su poder a favor de los que tienen corazón perfecto para con él". Las acciones de los hombres piadosos no están dictaminadas por la presión de los demás ni por la opinión pública. En cambio, se derivan de un profundo carácter y convicción personales, forjadas a través de años de caminar con el Señor en comunión íntima y en obediencia sumisa.

Por eso, me deleita recomendarte este libro. Es un fuerte llamado para que los varones cristianos se pongan de pie y acepten todo lo que Dios quiere para ellos. A diferencia de tantos otros libros para varones, que sustituyen la instrucción bíblica con sabiduría humana, *Hombre verdadero* se dirige a las Escrituras para descubrir qué dice Dios sobre el hombre que lo honra. Por supuesto, allí es donde debe comenzar la definición de la verdadera masculinidad. Si quieres ser un hombre verdadero, a los ojos de Dios, debes entender qué te llama Él a ser. Para hacerlo, debes comenzar con su Palabra, exactamente lo que hace este libro. Esto es lo que lo vuelve tan invaluable, un texto indispensable para todo varón que desea crecer en piedad.

Sin embargo, este también es un libro especial para mí por otra razón. No solo su contenido es excelente y su mensaje tremendamente oportuno, sino que también sus autores conforman un grupo de varones a quienes amo y respeto muchísimo: mis colaboradores en el ministerio, el personal pastoral de Grace Community Church. No hay un grupo de varones a los que recomendaría con más gusto que a este. Verdaderamente, son hombres de la Palabra. Es para mí un gozo verlos producir este tomo porque los he visto ejemplificar fielmente estas verdades a lo largo de nuestros años de ministerio juntos. Sé que serás bendecido por sus esfuerzos aquí.

En las páginas a continuación, te alentará leer sobre los santos de antaño, hombres como Abraham, Daniel y Pablo, que honraron al Señor mediante su fidelidad a Él. Recordarás el estándar al que Dios te ha llamado como creyente que anhela obedecer su Palabra. Serás desafiado a mantenerte firme, exhortado a vivir en rectitud, refrescado por la verdad de Dios y consolado por su gracia. En medio de todo esto, inevitablemente identificarás un tema recurrente. Este ha sido el tema de este breve prólogo. Es el tema de la vida de todo varón piadoso y debería ser el tema de la tuya también: *El hombre verdadero camina con Dios.*

Si este es el anhelo de tu corazón, da vuelta a la página y continúa leyendo.

PASAJES BÍBLICOS PARA PROFUNDIZAR MÁS

Génesis 5:24; Génesis 6:9; Génesis 17:1; Deuteronomio 8:6; Josué 22:5; 1 Reyes 2:1-3; 2 Reyes 23:3; Salmos 119:2-3; Gálatas 6:16, 22-25; Efesios 4:1; Colosenses 1:9-10; Hebreos 11:5.

PREFACIO

La clave para convertirte en un hombre piadoso

NATHAN BUSENITZ

Desde el principio, es necesario establecer dos cosas respecto a este libro. Por un lado, *este es un libro sobre hombres reales*. Fue escrito por pastores para varones cristianos con el objetivo de animarlos hacia una masculinidad verdadera, como Dios la define en su Palabra. No es un estudio exhaustivo, pero sí esperamos que te aliente hacia una semejanza más profunda con Cristo. A medida que miramos la vida de diferentes personajes bíblicos y profundizamos en las lecciones que aprendieron, descubriremos rápidamente que ser un hombre verdadero no tiene nada que ver con la fuerza física, con la habilidad atlética, con la riqueza financiera ni con el estatus social. En cambio, tiene todo que ver con una integridad personal, una obediencia de corazón y una dependencia diaria del Señor. La humildad, la fe y el amor son los rasgos de carácter de un hombre de verdad, uno que halla favor con Dios.

Por otra parte, *en realidad, este libro no se trata de hombres*. Permíteme explicar a qué me refiero.

Mis recuerdos más tempranos incluyen las historias de los grandes héroes de la Biblia, usualmente presentados como personajes en un franelógrafo o en una Biblia ilustrada. Entre ellos estaban Adán y Eva, Caín y Abel, Jacob y Esaú, José y sus hermanos, Moisés y los israelitas y un sinnúmero de otros personajes. Me encantaba escuchar los relatos de la forma en que Sansón venció al león con sus manos, en que Jonatán protegió a su mejor amigo David y en que Ester convenció a su esposo de salvaguardar la vida de los judíos. En cada historia, el punto era siempre el mismo: Dios es fiel con los que caminan con Él.

En este libro, consideraremos la vida de algunos de los personajes más queridos de la Biblia, hombres que caminaron con Dios en obediencia fiel. Seremos alentados por su fortaleza, advertidos por sus fracasos e inspirados por su fe inquebrantable. Sin embargo, es importante enfatizar que, en realidad, el enfoque no está en ellos. Sin importar cuáles fueran sus éxitos y triunfos, todo el crédito pertenece a Dios. Sus historias de fe, por más valientes que sean, no tienen el objetivo de exaltarlos. Más bien, ellos fueron testigos de la increíble fidelidad de Dios. Él es Aquel a quien acudían en búsqueda de ayuda y liberación... y Él nunca les falló.

Los relatos épicos de la historia bíblica son, en su sentido más fundamental, testimonios del tremendo poder de Dios. Él es el personaje principal en todas las historias, desde la apertura del Mar Rojo hasta la caída de los muros de Jericó y del gigante Goliat. Todos estos relatos son clásicos de la escuela dominical. Sus personajes son hombres como Moisés, Josué y David. Sin embargo, en última instancia (y lo más importante), magnifican la grandeza y la gloria de Dios.

No es que no podamos aprender lecciones valiosas de los hombres piadosos de la historia bíblica. De seguro que sí podemos (y lo haremos en este libro). Su vida fue documentada para servir "como ejemplo" y "para amonestarnos a nosotros" (1 Corintios 10:11). Como esa "tan grande nube de testigos" (Hebreos 12:1), han dejado atrás un legado de fidelidad que somos llamados a seguir. Sin embargo, sus éxitos y triunfos no fueron resultados de su propia inteligencia ni fuerza. Solo en la medida en que dependieron de Dios y confiaron plenamente en su sabiduría y poder, pudieron lograr algo de valor duradero. Y esa es una lección crítica que debemos recordar. Aunque nos beneficiamos grandemente de su ejemplo, siempre debemos mantener nuestros ojos en Cristo mientras proseguimos hacia la recompensa celestial (Hebreos 12:2). Mantenernos enfocados en Él es la clave para convertirnos en hombres piadosos.

Con esto en mente, que el Señor sea honrado en tu estudio de este libro.

1

El hombre verdadero anda por fe

Lecciones de la vida de Abraham

NATHAN BUSENITZ

En nuestra sociedad, se ha vuelto popular hablar de la *fe* como si fuera una especie de fuerza mística o de poder mágico. Incontables películas, series de televisión y canciones refuerzan la idea de que puedes lograr cualquier meta y superar cualquier reto *si tan solo tienes un poco de fe* o *si puedes creer*. No importa si el objeto de esa fe es "tú mismo" o cualquier otra fuerza fantástica (como el poder del amor o la promesa de cambio); el punto siempre es el mismo: Cree lo suficiente y tus sueños se volverán realidad. Para nuestra cultura posmoderna, el *contenido* de la fe no es importante. Lo crítico es sencillamente *creer* y que esa fe (sin importar su objeto) haga a uno feliz y promueva su estilo de vida.

La fe bíblica no podría ser más opuesta a esto, porque es definida por una confianza plena en el único objeto adecuado de fe: Dios mismo, y por la dependencia total de Él. La realidad es que el valor de la fe es directamente proporcional al objeto de esa fe. Para el secularista posmoderno, tener fe "en ti mismo" es un prospecto extremadamente limitante y desalentador. La fe que está basada en ese tipo de fantasía es nada menos que una ficción. Sin embargo, para el creyente, la fe en Dios es la clave para enfrentar cualquier circunstancia de la vida. Él es infinitamente poderoso, sabio, bueno, fiel y amoroso. Depender de Él es decir con el apóstol Pablo: "Si Dios es por nosotros, ¿quién contra nosotros? [...] Por lo cual estoy seguro de que ni la muerte, ni la vida, ni ángeles, ni principados, ni potestades, ni lo presente, ni lo por venir, ni lo alto, ni lo profundo, ni ninguna otra cosa creada nos podrá separar del amor de Dios, que es en Cristo Jesús Señor nuestro" (Romanos 8:31, 38-39).

Cuando leemos sobre los héroes de la fe en Hebreos 11, aprendemos que "por fe conquistaron reinos, hicieron justicia, alcanzaron promesas, taparon bocas de leones, apagaron fuegos impetuosos, evitaron filo de espada, sacaron fuerzas de debilidad, se hicieron fuertes en batallas, pusieron en fuga ejércitos extranjeros. Las mujeres [incluso] recibieron sus [hijos] muertos mediante resurrección" (vv. 33-35). Por la fe, los santos del Antiguo Testamento lograron algunas cosas increíbles. O quizás sea mejor decir que *Dios* logró cosas increíbles por medio de los que creyeron en Él. Esta es una aclaración importante. Los héroes de la Biblia no solo creyeron, sino que creyeron *en Dios*. Su fe era invisible, pero no ciega. Dios fue la fuente de su poder y fortaleza. Él fue su enfoque y el objeto de su fe. Toda su confianza y dependencia estaba puesta en Él.

Sin el objeto correcto, la fe no es más que pensamiento ilusorio. Es patética y carece de poder. Sin embargo, si el objeto es Dios, la fe es la esencia de la salvación y el corazón de la vida cristiana. Las páginas de las Escrituras están llenas de ejemplos de personas que caminaron por fe. Uno de los principales fue un hombre de Mesopotamia que, aún sin tener hijos, dejó su tierra natal para seguir a Dios y, como resultado, se convirtió en el padre de una gran nación.

UN HOMBRE LLAMADO ABRAHAM

Abraham es uno de los personajes más famosos y queridos del relato bíblico. Su historia, que encontramos en Génesis 11–25, ha sido vuelta a contar en innumerables ocasiones, desde por rabinos en el Israel del Antiguo Testamento hasta por maestros de escuela dominical de la actualidad. Él ha sido el tema de cantos, sermones, libros y debates teológicos. Tanto judíos como árabes lo consideran su ancestro físico, y el Nuevo Testamento afirma que es el padre espiritual de todos los que creen (Romanos 4:11-12; Gálatas 3:29). Ciertamente, el Señor cumplió su promesa a Abraham cuando le dijo: "Engrandeceré tu nombre" (Génesis 12:2).

Es fácil para nosotros, más de cuatro mil años más tarde, dar por sentada la vida de Abraham. Hemos escuchado tantas veces las historias que ya sabemos perfectamente qué sucederá a continuación. Sin embargo, a diferencia de nosotros, Abraham no tuvo el lujo de saber con exactitud cómo terminaría su historia. Sencillamente tuvo que confiar su futuro a Dios y vivir por fe en medio de las pruebas y tentaciones diarias.

Como con todos nosotros, hubo momentos en los que Abraham no confió en el Señor como debió haberlo hecho (ver Génesis 20, por ejemplo). Sin embargo, en lo general, su vida fue caracterizada por una fe constante en Dios y en su Palabra. Incluso cuando el cumplimiento de las promesas de Dios a Abraham sucedió mucho después de su propia vida, siguió confiando y obedeciendo. No es de sorprender que el Nuevo Testamento considere su vida como un modelo a seguir para todo creyente.

En este capítulo, consideraremos cuatro lecciones que el ejemplo de Abraham nos enseña sobre cómo ser hombres de fe.

1. Los hombres de fe se someten al plan de Dios

Corría el año 2091 a.C. y Abraham (que en aquel tiempo se llamaba *Abram*), tenía 75 años. Aunque nació en Ur, su familia se había mudado a una ciudad llamada Harán, ubicada en el noreste de Mesopotamia (en la Irak moderna), justo al este del río Éufrates.

Abraham fue un creyente de primera generación. Según Josué 24:2, creció en una familia pagana. Ya que era de Ur, probablemente había sido criado en la adoración al dios sumerio de la luna, Nannar, también llamado Sin. Taré, el padre de Abraham, pudo haber sido nombrado en honor a esta deidad, ya que su nombre se deriva de una palabra hebrea que significa luna.[1]

Josefo, el historiador judío, afirma que Abraham era, de hecho, un gran astrónomo.[2] Cuando el Señor lo salvó, Abraham se dio cuenta de que el sol, la luna y las estrellas no eran dioses, sino meros cuerpos celestes creados que operaban conforme al gran diseño de Dios. El sorprendido astrónomo, armado con un nuevo entendimiento del universo, pronto comenzó a denunciar en público la astrología de sus vecinos. Sin embargo, ellos no quisieron escucharlo. Sus fieles proclamaciones respecto al Dios verdadero se toparon con lo que Josefo llamó un "tumulto" de oposición.

En este contexto, Dios le ordenó a Abraham que se mudara con su familia a Canaán y le prometió que convertiría a sus descendientes en una gran nación (Génesis 12:1-3). ¡Qué promesa! Y, sin embargo, esto significó para Abraham dejar atrás todo lo que pudo haber conocido, incluyendo el hogar donde se había asentado y el lugar donde su padre murió. El llamado a salir de casa probó que en verdad creía en el Señor. Casi por seguro, le habría resultado más fácil quedarse en Harán, donde las cosas a su alrededor eran familiares. Nunca había estado en Canaán, la tierra a la que Dios le había mandado que fuera.

---

1. Eugene H. Merrill, *Kingdom of Priests* (Grand Rapids: Baker, 1996), 26.
2. Flavio Josefo, *Antigüedades judías*, 1:7.

Sin embargo, Abraham no puso excusas ni quejas (ver Génesis 12:4-5), sino que respondió en fe obediente, como lo explicó el autor de Hebreos: "Por la fe Abraham, siendo llamado, obedeció para salir al lugar que había de recibir como herencia; y salió sin saber a dónde iba" (Hebreos 11:8). Aunque su camino le era desconocido, Abraham se sometió al plan de Dios, confiado en que el Señor lo enviaría directamente adonde necesitaba estar. Su propia preferencia de seguro habría sido quedarse en Harán, pero obedeció sin titubear al mandato del Señor porque sabía que la voluntad de Dios era lo mejor, aun si requería un cambio de vida dramático.

2. Los hombres de fe descansan en la justicia de Dios

Al asentarse en la tierra de Canaán, Abraham y su sobrino, Lot, decidieron separarse porque sus rebaños habían crecido tanto que no era factible mantenerlos juntos. Con amabilidad, Abraham dejó que su sobrino escogiera primero el lugar donde apacentaría sus rebaños. De manera que Lot eligió la tierra más fértil para sí, cerca de las ciudades de Sodoma y Gomorra.

En este caso, la hierba más verde no fue la mejor elección. Las ciudades que colindaban con las llanuras de Lot eran increíblemente malvadas. Pronto, el mismo Lot cedió ante su influencia. Con el tiempo, se asentó en Sodoma (Génesis 13:12-13), un lugar tan perverso que su nombre es sinónimo de libertinaje. El pecado de Sodoma fue tan odioso delante del Señor que Él decidió destruirla con fuego del cielo.

Cuando Abraham se enteró de la intención del Señor, intercedió por la ciudad, no en defensa de su maldad, sino para que Dios perdonara a algún justo que viviera allí (Génesis 18:20-33). Después de todo, este era el hogar de Lot y de su familia. Es posible que Abraham conociera también a otros habitantes de la ciudad porque, un tiempo atrás, había rescatado a los ciudadanos de Sodoma de un ejército invasor (Génesis 14:1-16). Después de que Abraham rogara a Dios por la ciudad, Él le aseguró que, aun si había diez justos en ella, no la destruiría (Génesis 18:32). Sin embargo, no había ni siquiera diez justos en Sodoma. Según Génesis 19, solo había un justo en ella (cp. 2 Pedro 2:7), e incluso él era lejos de ser perfecto. Aunque Lot fue rescatado, junto con sus dos hijas, Sodoma fue destruida del todo. Sin embargo, la intercesión de Abraham comprobó que sabía que Dios era un juez paciente y que blandía su ira de forma cuidadosa y solo con una causa justa.

La confianza de Abraham en la justicia perfecta de Dios es especialmente evidente en Génesis 18:25, donde dijo al Señor: "Lejos de ti el hacer tal, que hagas morir al justo con el impío, y que sea el justo tratado como el impío; nunca tal hagas. El Juez de toda la tierra, ¿no ha de hacer lo que es justo?". Abraham sabía que el carácter perfecto del Señor significaba que, aun en la dispensación de su ira, Él haría lo correcto. Aunque Sodoma sería destruida, Abraham no tenía razones para dudar de la justicia y de la bondad de Dios.

En nuestra época, muchas personas tienen problemas con las implicaciones de la ira divina. La pregunta que a menudo hacen es: "Si Dios es amor, ¿cómo puede castigar a los pecadores en esta vida y en la siguiente?". La respuesta, como lo ilustra el ejemplo de Abraham, se halla en última instancia en el carácter justo de Dios. Su sabiduría es intachable y sus juicios son puros. Como sabía que Dios es misericordioso, Abraham intercedió fervientemente por la ciudad de Sodoma. Luego, porque sabía que Dios es santo y justo, descansó confiado en que el Juez de toda la tierra siempre haría lo correcto.

3. Los hombres de fe esperan los tiempos de Dios

En Génesis 17, Dios prometió a Abraham que tendría un hijo de su esposa, Sara. Sin embargo, había un problema. Tanto él como Sara eran muy ancianos y ella había sido estéril toda su vida. Sin embargo, la promesa de Dios fue clara: "La bendeciré [a Sara], y también te daré de ella hijo; sí, la bendeciré, y vendrá a ser madre de naciones; reyes de pueblos vendrán de ella" (Génesis 17:16). De hecho, cuando el Señor visitó a Abraham en el capítulo 18, le reiteró esta promesa: "De cierto volveré a ti; y según el tiempo de la vida, he aquí que Sara tu mujer tendrá un hijo" (v. 10). La respuesta de Sara cuando escuchó las palabras de Dios probablemente fue la misma respuesta que nosotros tendríamos si estuviéramos en su situación: Se rio en incredulidad y se preguntó cómo podrían Abraham y ella tener un hijo a esta edad avanzada (Génesis 18:11-12). Al principio, Abraham también respondió con una risa llena de dudas (ver Génesis 17:17). Sin embargo, Romanos 4:19-21 indica que su disposición cambió rápidamente a una de esperanza confiada: "Y no se debilitó en la fe al considerar su cuerpo, que estaba ya como muerto (siendo de casi cien años), o la esterilidad de la matriz de Sara. Tampoco dudó, por incredulidad, de la promesa de Dios, sino que se fortaleció en fe, dando gloria a Dios, plenamente convencido de que era también poderoso para hacer todo lo que había prometido". Incluso cuando una concepción parecía físicamente imposible, Abraham escogió creer en las promesas de Dios, en vez de enfocarse en las imposibilidades científicas de su situación. Y Dios fue fiel (ver Génesis 21:1-2).

Por medio de este hijo recién nacido, Dios cumpliría su promesa de hacer de Abraham una gran nación, tan numerosa como las estrellas del cielo (Génesis 15:5). Esta promesa debió de haber sido especialmente significativa para Abraham, dado su conocimiento de astronomía. Él y Sara, en su avanzada edad, finalmente tuvieron a ese bebé que tanto había esperado. El nombre de su hijo, Isaac (que significa "risa"), apuntaba tanto a su incredulidad inicial ante la promesa de Dios como al gozo subsecuente cuando se manifestó su fidelidad. Años atrás, Dios había asegurado a Abraham: "De cierto te bendeciré con abundancia y te multiplicaré grandemente. Y habiendo esperado con paciencia, alcanzó la promesa" (Hebreos 6:14-15).

Al esperar en el Señor por el nacimiento de Isaac, Abraham aprendió a confiar en Dios en todo. Esa lección fue vital porque preparó al patriarca para una prueba aún mayor, el día que Dios le pidió que entregara a ese mismo hijo a quien amaba.

4. Los hombres de fe esperan en la provisión de Dios

En Génesis 22, Dios probó la fe de Abraham para comprobar exactamente dónde estaba su verdadera confianza. El Señor dijo a Abraham: "Toma ahora tu hijo, tu único, Isaac, a quien amas, y vete a tierra de Moriah, y ofrécelo allí en holocausto sobre uno de los montes que yo te diré" (v. 2).

Es difícil imaginar qué pudo haber pasado por la mente de Abraham cuando escuchó estas palabras. Quizás algo como esto: *¿Qué está pasando? Este es el hijo que tú nos diste en nuestra vejez, Señor. Cuando no había esperanza ya de tener hijos, tú nos diste a este muchacho. Tu promesa de que yo seré el padre de una gran nación está basada en este hijo. Él es el descendiente que lo hace todo posible. Y ¿ahora quieres que lo sacrifique? De haber algún error.*

No obstante, si Abraham tuvo dudas, no duraron demasiado. Dios ya había probado su fidelidad a Abraham en el nacimiento de Isaac. De manera que, cuando este recibió el mandato de hacer lo que aparentemente era impensable, respondió con fe y sin quejas.

Mientras él e Isaac se acercaban al lugar del sacrificio, Isaac notó que algo faltaba y le preguntó a su padre: "He aquí el fuego y la leña; mas ¿dónde está el cordero para el holocausto?". La respuesta llena de fe de Abraham estaba anclada en una teología correcta: "Dios se proveerá de cordero para el holocausto, hijo mío" (Génesis 22:7-8). Momentos más tarde, cuando llegaron al lugar designado, Abraham ató a su hijo y se preparó para matarlo. ¿Qué pudo haber pensado en ese momento? Según Hebreos 11:19, al levantar el cuchillo, Abraham consideraba "que Dios es poderoso para levantar [a Isaac] aun de entre los muertos". Él estaba tan confiado en las promesas de Dios que razonó que, aun si su hijo moría, Dios lo levantaría de entre los muertos. ¡Eso es fe! Dios había prometido que levantaría una gran nación por medio de Isaac (Génesis 15:5-21) y Abraham sabía que Él cumpliría su palabra.

En Génesis 22:12-14, leemos que Dios detuvo a Abraham de matar a su hijo y que, en cambio, proveyó para el sacrificio un carnero trabado por los cuernos en un zarzal. Esta provisión no solo salvó la vida de Isaac, sino que también ilustró la provisión una vez y para siempre de Cristo en la cruz, a través de la cual los pecadores son salvos por su sacrificio sustitutivo. De forma apropiada, "llamó Abraham el nombre de aquel lugar, Jehová proveerá. Por tanto se dice hoy: En el monte de Jehová será provisto" (v. 14).

Abraham había demostrado que estaba dispuesto a confiarle al Señor todo cuanto tenía, incluyendo a su propio hijo. Su confianza en las promesas de Dios nunca vaciló; él sabía que Dios proveería. Por medio de sus acciones, probó que su vida era gobernada por un enfoque centrado en Dios y por una fe fundamentada en Él.

SALVO POR GRACIA, POR MEDIO DE LA FE

Nuestro estudio de Abraham estaría incompleto si no consideráramos un aspecto crucial de su vida. En Romanos 4, el apóstol Pablo utilizó el ejemplo de Abraham para explicar el corazón del evangelio, es decir, que la salvación es por gracia, únicamente por medio de la fe en Cristo y no por obras. Al igual que todo creyente antes o después de él, Abraham fue justificado por fe. Pablo, en su comentario sobre Génesis 15:6, escribió: "Porque ¿qué dice la Escritura? Creyó Abraham a Dios, y le fue contado por justicia. Pero al que obra, no se le cuenta el salario como gracia, sino como deuda; mas al que no obra, sino cree en aquel que justifica al impío, su fe le es contada por justicia" (Romanos 4:3-5). El punto del apóstol era que Abraham no fue salvo por sus obras de justicia propia, sino por medio de la fe. Su buena posición ante Dios fue una dádiva de la gracia divina y le fue acreditada, no por algún esfuerzo o mérito propio. Él no hizo nada para ganar su salvación; sencillamente creyó en Dios y hasta su fe fue un don de gracia, al igual que para todos los creyentes (Efesios 2:8).

Por fe, Abraham confió plenamente en Dios para salvación. Lo mismo es verdad para todo el que desea perdón de parte de Dios y comunión con Él. En fe, el pecador debe reconocer su bancarrota espiritual, clamar por misericordia y aferrarse a la cruz. Solo los que han sido cubiertos por la justicia de Cristo, cuyos pecados han sido pagados en su muerte sacrificial, pueden disfrutar de una buena posición ante Dios. Otra cita de Pablo dice así: "Y no solamente con respecto a [Abraham] se escribió que le fue contada [la justicia], sino también con respecto a nosotros a quienes ha de ser contada, esto es, a los que creemos en el que levantó de los muertos a Jesús, Señor nuestro, el cual fue entregado por nuestras transgresiones, y resucitado para nuestra justificación" (Romanos 4:23-25). Más adelante en Romanos, el apóstol reiteró el mensaje del evangelio con estas palabras: "Si confesares con tu boca que Jesús es el Señor, y creyeres en tu corazón que Dios le levantó de los muertos, serás salvo" (10:9).

En el inicio de un libro sobre la masculinidad piadosa, es crucial enfatizar que la verdadera masculinidad (del tipo que agrada a Dios) es imposible sin la fe salvadora en Cristo. La vida de fe comienza en el momento de la regeneración. Y los que aún no han experimentado la gracia transformadora de Dios no pueden conocer la delicia de crecer en semejanza a Cristo ni de andar en su Espíritu. Al igual que Abraham, somos llamados a andar en fe. Y, al igual que él, esa fe comienza en el momento de nuestra salvación.

VIVIR POR FE COMO ABRAHAM

Una y otra vez durante su vida, Abraham respondió con confianza en Dios, incluso cuando, ante su perspectiva, el futuro parecía incierto. Cuando pudo haberse quedado en Harán, decidió en cambio someterse al plan de Dios. Cuando Sodoma estaba por ser destruida, confió en el carácter recto de Dios y en su justicia perfecta. Cuando era demasiado anciano para tener hijos, creyó en la promesa de Dios. Incluso cuando el mandamiento del Señor parecía irracional (pedirle que sacrificara a su precioso hijo Isaac), siguió con su esperanza puesta en la provisión de Dios.

En todas estas decisiones, Abraham puso toda su confianza en el Señor. Aunque no siempre sabía cuál sería el resultado, no tenía razones para dudar ni para angustiarse. Dios tenía todo bajo control y Abraham estaba satisfecho con descansar en Él porque sabía que Él era fiel. Esta es la esencia de la fe: dependencia total de nuestro soberano Dios, tanto para esta vida como para la venidera.

Cuando ponemos nuestra esperanza en el Señor y obedecemos su Palabra, demostramos el mismo tipo de fe que caracterizó a Abraham. *Confiar y obedecer* no es solo una bonita frase pegajosa; es el palpitar de la vida cristiana. Aunque Abraham no fue perfecto, su vida sí estuvo marcada por este tipo de confianza firme en Dios. Como tal, es un ejemplo adecuado que debemos emular.

PREGUNTAS DE REFLEXIÓN PERSONAL

1. ¿Qué fue lo más interesante que aprendiste sobre la vida de Abraham en este capítulo?
2. En tu parecer, ¿qué evento en la vida de Abraham demostró de mejor forma su fe?
3. Según el ejemplo de Abraham, ¿cuál es la clave para ejercer fe ante un futuro incierto?
4. ¿Tu fe se caracteriza principalmente por confiar en el plan, la justicia, los tiempos y la provisión de Dios? ¿Por qué sí o por qué no?
5. ¿Hay algún área en tu vida que te impida ser descrito como un hombre que anda por fe? ¿Qué harás al respecto?
6. ¿Cuál es la relación entre la fe y la salvación?
7. Lee los "Pasajes bíblicos para profundizar más". Al hacerlo, menciona de qué forma cada pasaje afirma, aclara o aplica las verdades que has aprendido en la lectura de este capítulo. ¿Algún otro versículo te viene a la mente?

PASAJES BÍBLICOS PARA PROFUNDIZAR MÁS

Génesis 15:6; Salmos 32:10-11; Salmos 56:3-4; Proverbios 3:5-6; Proverbios 28:25-26; Habacuc 2:4; Romanos 5:1-2; Efesios 2:8-10; Hebreos 11:1-2, 6; Hebreos 11:8-19.

2

El hombre verdadero encuentra su satisfacción en Dios

Lecciones de la vida de Salomón

Rick Holland

Pocos atribuirían el título de erudito al ícono del *rock* Mick Jagger. Sin embargo, pocos han descrito de forma más concisa el apuro en que se encuentra la humanidad. Jagger canonizó la frustrada búsqueda del hombre en una famosa canción en 1965. El conocido coro lamenta la incapacidad por obtener satisfacción en la vida. Jagger no fue un hombre docto, pero su confesión no es menos verdadera por eso.

Mick Jagger no fue el primero en etiquetar la frustración del hombre con la vida con una frase pegajosa. La versión del siglo X a.c. de la incapacidad para obtener satisfacción es: "Vanidad de vanidades, todo es vanidad" (Eclesiastés 1:2). La satisfacción continúa siendo una aspiración escurridiza, tal como lo fue desde que se escribió Eclesiastés hace unos treinta siglos.

LA BÚSQUEDA DE SATISFACCIÓN

La vida de Salomón ejemplifica el callejón sin salida de la innegable búsqueda de la humanidad por satisfacción. Él aprendió a la mala que, fuera de Dios, la búsqueda de felicidad conduce únicamente de un callejón sin salida a otro. Como hijo del rey David, contaba con fama y una herencia nobles; como varón que recibió sabiduría de parte de Dios, tenía capacidades intelectuales inigualables; como rey de Israel, tenía poder y autoridad absolutas; y, como el monarca más próspero de la historia de Israel, tenía acceso a riquezas inagotables. En otras palabras, tenía la popularidad, la inteligencia, los medios y el dinero para hacer cualquier cosa que quisiera... y todo lo empleó en la búsqueda de su propia felicidad.

No obstante, al final, descubrió que todo era solo una ilusión. Sus reflexiones y conclusiones, que surgen del dolor y la decepción de sus propias experiencias personales, fueron documentadas en el libro de Eclesiastés y sirven como un recordatorio necesario para ti, para mí y para todo el que se sienta tentado a pensar que la felicidad puede comprarse o que la hierba es más verde del otro lado de la cerca proverbial. Créele a uno de los hombres más ricos, inteligentes y poderosos que han vivido jamás: No es posible hallar satisfacción en ningún lugar más que en Dios.

Después de años de vivir la "buena vida", Salomón la analizó y la llamó vanidad. Describió sus logros como un aliento o una neblina, como el vapor que sube de una taza de café y que desaparece en el aire. Lo que parecía divertido en su momento resultó no tener valor duradero. Fue algo despreciable, transitorio y efímero. Al igual que una reluciente bola de chicle, los placeres de este mundo tenían un buen sabor al principio, pero rápidamente lo perdieron del todo. El cofre del tesoro de las ambiciones temporales tenía un aspecto glamuroso por fuera, pero ahora, una vez abierto, Salomón descubrió que se hallaba vacío.

LA LOCURA DE UN HOMBRE SABIO

Cuando Dios habló por primera vez a Salomón, le dio al joven rey una oportunidad sin precedentes. Se le apareció en un sueño y le dijo: "Pide lo que quieras que yo te dé" (1 Reyes 3:5). Salomón respondió con una respuesta humilde: "Da, pues, a tu siervo corazón entendido para juzgar a tu pueblo, y para discernir entre lo bueno y lo malo" (v. 9). Dios se agradó de dar a Salomón la sabiduría que anhelaba. Tanto, en realidad, que le prometió también riquezas y honra. A pesar de la sabiduría celestial que recibió, Salomón tomó decisiones tremendamente necias. Esto es evidente en sus elecciones matrimoniales. No solo tuvo Salomón muchas mujeres (¡un problema importante en sí mismo!), sino que fue terriblemente descuidado al discernir el carácter espiritual de sus futuras cónyuges. Como resultado, se vio rodeado por un harén de mujeres impías y las consecuencias de esto fueron desastrosas: "Cuando Salomón era ya viejo, sus mujeres inclinaron su corazón tras dioses ajenos, y su corazón no era perfecto con Jehová su Dios" (1 Reyes 11:4). Tristemente, cuando alejó sus afectos de Dios, Salomón buscó su satisfacción en otros lugares. Sin embargo, al final, aprendió que el gozo, el significado y la plenitud verdaderas no pueden ser halladas en ningún otro lugar.

EL EXPERIMENTO DE SALOMÓN CON EL PLACER

En Eclesiastés 2, Salomón describió sus intentos fallidos por hallar felicidad y satisfacción en las cosas de este mundo. En el versículo 1 escribió: "Dije yo en mi corazón: Ven ahora, te probaré con alegría, y gozarás de bienes". Con la idea de que los placeres temporales podrían ofrecerle gozo duradero, Salomón se lanzó a buscar la felicidad por cualquier medio posible. No se negó ningún lujo ni se apartó de ningún deseo (2:10). Su poder irrestricto (1 Reyes 4:21), sus recursos ilimitados (1 Reyes 10:14-20) y su sabiduría incomparable (1 Reyes 3:12) le hicieron posible hacer todo cuanto quiso. Si alguno tuvo la posibilidad de encontrar la felicidad verdadera en las cosas de la vida, ese fue Salomón. No obstante, sin importar el papel que tomara en su búsqueda de significado y de plenitud, ya fuera como filósofo (1:12-15), como estudiante (1:16-18), como fiestero (2:12), como alcohólico (2:3), como adicto al trabajo (2:4-8a), como anfitrión (2:8b), como mujeriego (2:8c), como competidor (2:9-11), como intelectual (2:12-16) o como filántropo (2:17-23), terminaba siempre con las manos vacías.

Salomón buscó satisfacción en al menos siete lugares: la diversión, el alcohol, el materialismo, el entretenimiento, el romance, los logros y la sabiduría. No ha cambiado mucho desde su época. Nuestra sociedad busca esos mismos placeres y caminos en un intento desesperado por encontrar la felicidad duradera en ellos. Sin embargo, ¡qué lección podemos aprender de la experiencia de Salomón! En lugar de repetir sus experimentos fallidos, podemos beneficiarnos de sus conclusiones. Su vida desperdiciada nos sirve como advertencia: No gastes tu tiempo, tu dinero ni tu energía en la búsqueda de los ídolos vacíos de esta tierra. El apóstol Juan escribió en 1 Juan 2:17: "El mundo pasa, y sus deseos". Ese *no* es el lugar correcto para encontrar significado y gozo verdaderos.

Buscar satisfacción en el jolgorio (Eclesiastés 2:2)

Salomón comenzó su búsqueda de felicidad en el mismo lugar que muchos lo hacen hoy: en la diversión. Buscó satisfacción en la *risa* y en el *placer*, dos palabras que describen el deleite y el entretenimiento de los juegos y de las fiestas. Celebrar, socializar, bromear y reír... pasarla bien. ¿Fueron estas las claves para la felicidad suprema?

Si alguno pudo organizar alguna vez una buena fiesta, seguro que fue Salomón. En 1 Reyes 4:22-23 se describen las inmensas cantidades de alimentos necesarias para sus fiestas diarias. ¡Mucho más que un asado en el jardín! Su popularidad como rey significaba que todo miembro de la alta sociedad de Israel estaba interesado en asistir. Su riqueza le hacía posible organizar celebraciones de extravagancia incomparable. Incluso su sabiduría, aplicada de forma creativa en toda ocasión, habría convertido cada evento social en un espectáculo único y entretenido. Las galas de Salomón eran el tema de toda la nación y él mismo era el corazón de la fiesta (cp. 1 Reyes 10:24).

Ahora bien, ¿qué dijo este mismo Salomón respecto a las festividades? Llamó a la risa de la fiesta *locura* (Eclesiastés 2:2). Proverbios 14:13 ofrece el mismo veredicto: la risa es incapaz de sustenta el gozo y la felicidad. Al final de toda esta diversión, Salomón se quedó con una pregunta inquietante: "¿De qué sirve esto?" (Eclesiastés 2:2).

Ciertamente, el rey disfrutó de la buena vida que podía ofrecer una fiesta, pero al final se dio cuenta de que esta no podía darle felicidad duradera. Esto no significa que no podamos disfrutar de la compañía y de la diversión en el contexto de una comunidad cristiana sana. ¡Por supuesto que podemos hacerlo! No obstante, debemos tener cuidado de recordar la conclusión de Salomón: *La diversión y los juegos* no pueden llenar tu vida de plenitud y de gozo. Tal como llegó a entenderlo el hombre más sabio, tarde o temprano, la fiesta se termina. Así que, si buscas felicidad duradera, tendrás que encontrarla en otro lugar.

Buscar satisfacción en la bebida (Eclesiastés 2:3)

Cuando su vida social no logró satisfacerlo, Salomón se entregó a su siguiente ambición: el alcohol. Tal vez, sería posible encontrar felicidad en el fondo de una copa de vino. Escribió esto en el versículo 3: "Propuse en mi corazón agasajar mi carne con vino". Sin embargo, su capacidad mental era tal que, aun cuando estaba borracho, su "corazón [andaba] en sabiduría".

Si alguna persona tuvo acceso a las bebidas alcohólicas más exóticas y potentes de su época, ese fue Salomón. Él sabía lo suficiente como para escribir en Proverbios 20:1: "El vino es escarnecedor, la sidra alborotadora, y cualquiera que por ellos yerra no es sabio". Una sección prolongada al final de Proverbios 23 evoca los mismos sentimientos:

> ¿Para quién será el ay? ¿Para quién el dolor? ¿Para quién las rencillas? ¿Para quién las quejas? ¿Para quién las heridas en balde? ¿Para quién lo amoratado de los ojos? Para los que se detienen mucho en el vino, para los que van buscando la mistura. No mires al vino cuando rojea, cuando resplandece su color en la copa. Se entra suavemente; mas al fin como serpiente morderá, y como áspid dará dolor. Tus ojos mirarán cosas extrañas, y tu corazón hablará perversidades. Serás como el que yace en medio del mar, o como el que está en la punta de un mastelero. [El borracho dice]: Me hirieron, mas no me dolió; me azotaron, mas no lo sentí; cuando despertare, aún lo volveré a buscar (vv. 29-35).

Sin embargo, Salomón rechazó su propia sabiduría y se entregó a una vida de ebriedad y borrachera. Y, al igual que una gran cantidad de cantantes de música *country*, encontró que la vida era tan vacía como la última botella que terminó.

Como lo explicó Salomón, la meta de su experimento fue "ver cuál fuese el bien de los hijos de los hombres, en el cual se ocuparan debajo del cielo todos los días de su vida" (Eclesiastés 2:3). Como muchos en la actualidad, él pensó que la vida podría tener más sentido si sus sentidos estaban bajo la influencia del alcohol. Sin embargo, como lo descubrió rápidamente, el éxtasis siempre desaparecía justo antes del inicio de los dolores de cabeza y de las náuseas.

Podría parecer que la bebida escondía de forma temporal el dolor de la vida, pero ciertamente no podía producir la felicidad que buscaba. El descubrimiento de Salomón es aleccionador: El significado y la plenitud duraderas no pueden encontrarse en el alcohol.

Buscar satisfacción en las posesiones materiales (Eclesiastés 2:4-8a)

El siguiente placer que Salomón probó fue el materialismo. No quiso dejar nada sin decirse, así que dedicó más espacio a describir este placer que los dos anteriores. Al hacerlo, reveló el verdadero enfoque de su corazón con la frase, repetida a menudo, "para mí". Los términos "mí", "me" y "mis" aparecen ocho veces en los versículos 4-8; esto pone en evidencia el egocentrismo de sus esfuerzos.

Al examinar sus considerables adquisiciones, Salomón comenzó con sus muchos proyectos de construcción, incluyendo varias obras, casas, viñedos, huertos, jardines y lagos y hasta bosques artificiales. Luego, prosiguió con una descripción de sus siervos, rebaños y vacas, así como de su gigantesca colección de plata, oro y "tesoros preciados de reyes y de provincias" (v. 8). Para los estándares de la antigüedad, Salomón era tremendamente rico. De hecho, según 2 Crónicas 9:22, era el hombre más rico del mundo. Si la revista *Forbes* hubiera enumerado en aquella época a las personas más ricas del planeta, Salomón habría encabezado la lista. Y, gracias a que sus recursos económicos podían comprar cualquier cosa que quisiera, pronto, Salomón dominó el negocio de obtener posesiones.

Imagina cómo sería tu vida si tuvieras riquezas inagotables. Tal vez coleccionarías autos deportivos, invertirías en casas lujosas y viajarías por el mundo en tu propio avión privado. Sin embargo, ¿te darían estas posesiones felicidad verdadera? De seguro, nuestra cultura parece creerlo. De ahí la explosión en el negocio de las tarjetas de crédito. ¿Qué fue lo que descubrió Salomón? Él tenía más dinero y posesiones que lo que tú yo podríamos tener jamás. Sin embargo, al final, descubrió que "todo era vanidad y aflicción de espíritu" (v. 11). Más adelante, en Eclesiastés, lo diría de forma aún más directa: "El que ama el dinero, no se saciará de dinero; y el que ama el mucho tener, no sacará fruto. También esto es vanidad" (5:10). Después de la temporada de compras compulsivas más extraordinaria de la historia, sin límite de gastos de ningún tipo, la conclusión de Salomón fue esta: Es imposible encontrar la verdadera satisfacción en cosas que se compran o se construyen. Como lo dijo nuestro Señor en Lucas 12:15: "La vida del hombre no consiste en la abundancia de los bienes que posee".

Buscar satisfacción en el entretenimiento (Eclesiastés 2:8b)

Cuando Salomón descubrió que el materialismo era vacío, continuó con el entretenimiento. Escribió: "Me hice de cantores y cantoras" (2:8). Como muchos antes y después de él, el rey pensó que podía encontrar significado verdadero en la principal forma de entretenimiento de su época: la música. Por supuesto que la música sigue siendo uno de los sectores más grandes de la industria del entretenimiento. Sin embargo, en un mundo sin iPods ni reproductores de CD, la única opción era música en vivo. De manera que Salomón se hizo de sus propios cantores para poder disfrutar de conciertos a su antojo.

De seguro que Salomón creció en un hogar musical. Su padre, David, fue un escritor de himnos y de salmos sin igual. De manera que Salomón conocía bien la mejor música de su época. Es interesante que el rey tuviera un coro levítico de sacerdotes, compuesto únicamente de varones (1 Crónicas 9:33). La mención de "cantoras" indica que Salomón también contaba con otros coros. Como rey, probablemente empleaba a los músicos más talentosos de su nación. No obstante, aun con acceso inmediato a la mejor música de Israel, Salomón descubrió que la verdadera satisfacción no estaba en la sala de conciertos.

En nuestra época, la industria del entretenimiento ha ido más allá de la música. Las películas, la televisión, la radio, los videojuegos y el internet ofrecen diversas formas de entretenimiento electrónico. La tecnología ha puesto a disposición instantánea estos medios para prácticamente cualquier persona. Sin embargo, sin importar si se trata la última película o del último éxito musical, el entretenimiento (de cualquier tipo) no puede ofrecer felicidad duradera. Si fuera así, la película taquillera del año pasado seguiría en cines y la canción favorita nunca pasaría de moda, sin importar cuántas veces la escucharas.

Créele a Salomón, el hombre que nunca se privó de entretenimiento. Él conocía la buena música. Incluso, su popularidad era tal que disfrutaba del estatus de la más prominente estrella del *rock*. Sin embargo, ¿cuál fue su conclusión al respecto? El entretenimiento puede ofrecer un escape temporal, pero no una satisfacción duradera.

Buscar satisfacción en el romance (Eclesiastés 2:8c)

Cuando la música resultó no ser suficiente, Salomón salió en busca del amor. Confesó abiertamente: "Me proveí […] de los placeres de los hombres, de muchas concubinas" (2:8, LBLA). En 1 Reyes 11:3 se nos dice que: "tuvo setecientas mujeres reinas y trescientas concubinas". Con mil mujeres a su disposición, Salomón experimentó plenitud y variedad de romance e intimidad. Sin embargo, estos logros no solo no pudieron darle felicidad duradera (Eclesiastés 2:11), sino que también probaron ser negativos para su relación con Dios (1 Reyes 11:3).

Hoy todavía se proclama la mentira de que el sexo y el romance producen la satisfacción suprema. El amor romántico, por maravilloso que sea, no es la fuente de gozo ni de plenitud. Si lo fuera, el divorcio no existiría y la frase "y fueron felices por siempre" se aplicaría, no solo a los cuentos de hadas, sino también a la vida real. En particular los varones somos susceptibles a las tentaciones sexuales porque pensamos que podemos obtener placer duradero en las pasiones de la carne. Sin embargo, nada puede estar más lejos de la verdad. Salomón mismo advirtió a su hijo de las consecuencias del pecado sexual en Proverbios 5. Al final del capítulo, escribió: "Porque los caminos del hombre están ante los ojos de Jehová, y él considera todas sus veredas. Prenderán al impío sus propias iniquidades, y retenido será con las cuerdas de su pecado. Él morirá por falta de corrección, y errará por lo inmenso de su locura" (vv. 21-23). Tristemente, Salomón no siempre siguió las advertencias de su propio consejo paterno.

El tercer rey de Israel tuvo tantas relaciones románticas que no se dio abasto. Sin embargo, nada pudo darle felicidad duradera. De hecho, lo metió en serios problemas con Dios (cp. 1 Reyes 11:1-13). Después de buscar la satisfacción en el romance, la conclusión de Salomón fue la misma que antes: La plenitud y el gozo supremos no se encuentran allí.

Buscar satisfacción en los logros (Eclesiastés 2:9-11)

Salomón continuó su búsqueda de satisfacción con una evaluación de sus propios éxitos. Quizás, la grandeza humana era la clave para la felicidad. Tal como lo explicó Salomón: "Y fui engrandecido y aumentado más que todos los que fueron antes de mí en Jerusalén [...]. Mi corazón gozó de todo mi trabajo; y esta fue mi parte de toda mi faena" (vv. 9-10). Después de repasar sus logros, Salomón se quedó bastante impresionado consigo mismo. Tanto que afirmó ser un rey más grande que cualquiera antes de él, ¡incluido su padre David!

En verdad, Salomón tenía mucho de qué jactarse, al menos desde una perspectiva mundana. Era tan adinerado que la plata "en tiempo de Salomón no era apreciada" (1 Reyes 10:21) por la gran cantidad de oro que había. Era tan sabio que "excedía el rey Salomón a todos los reyes de la tierra en riquezas y en sabiduría" (1 Reyes 10:23). Completó una gran cantidad de proyectos de infraestructura, incluyendo el templo, tenía un ejército ejemplar y era el ícono mismo de pompa y circunstancia del mundo de su época.

A pesar de esto, al ver la grandeza de su reino y de todo lo que había logrado, entendió lo vacío que era todo aquello. Su conclusión es sorprendente: "Miré yo luego todas las obras que habían hecho mis manos, y el trabajo que tomé para hacerlas; y he aquí, todo era vanidad y aflicción de espíritu, y sin provecho debajo del sol" (v. 11). A pesar de todo lo que había hecho, Salomón se dio cuenta de que nada podía darle gozo duradero. Sus logros, aunque eran impresionantes, solo le ofrecían satisfacción temporal.

Qué gran recordatorio para todos los que vivimos en un mundo consumido por el "sueño americano". Se nos dice que podemos lograr todo lo que queramos, si tan solo trabajamos lo suficientemente duro, y que luego seremos felices y plenos. Sin embargo, ¿es verdad que la satisfacción nos espera en la cima de la escalera corporativa o en el cumplimiento de nuestras metas y ambiciones? La respuesta de Salomón a esta pregunta es un indiscutible *no*. Después de una vida de logros asombrosos, llegó al final del arcoíris con la expectativa de encontrar un tesoro lleno de felicidad. No obstante, como él mismo testificó, solo se trataba de un espejismo.

Buscar satisfacción en la sabiduría (Eclesiastés 2:12-17)

Salomón finalizó su búsqueda de satisfacción en la misma sabiduría que Dios le había dado. Él lo explicó así: "Después volví yo a mirar para ver la sabiduría y los desvaríos y la necedad […]. Y he visto que la sabiduría sobrepasa a la necedad, como la luz a las tinieblas. El sabio tiene sus ojos en su cabeza, mas el necio anda en tinieblas" (vv. 12-14). Quizás, pensaba Salomón, podría encontrar el gozo verdadero en su propio intelecto. Después de todo, él era el juez más sabio de todos, el filósofo más estimado, el administrador más eficiente. Por ejemplo, ¿quién podrá olvidar su penetrante juicio respecto a las dos mujeres que afirmaban que el hijo era suyo (1 Reyes 3:16-28)? La reputación de la sabiduría de Salomón se había extendido tanto en el Cercano Oriente que otros gobernantes viajaban para oírlo discursar y se asombraban por las maravillas que pronunciaba (1 Reyes 10:1-10).

Sin embargo, en lugar de aplicar sus dones únicamente a asuntos de justicia gubernamental y civil, Salomón usó su creatividad sin igual para ir tras sus propias lujurias. Cuando entendió que estas ambiciones eran vacías, se volteó en desesperación a la sabiduría misma. Una vez más, en lugar de encontrar satisfacción y gozo, encontró solo dolor y decepción. En Eclesiastés 1, ya había admitido que "en la mucha sabiduría hay mucha molestia; y quien añade ciencia, añade dolor" (v. 18). Ahora, confiesa que al vanidad de su sabiduría le hizo despreciar hasta su propia existencia. Su conclusión es trágica y desesperada: "Aborrecí, por tanto, la vida […] por cuanto todo es vanidad y aflicción de espíritu" (2:17).

Para la élite académica de nuestra época, la advertencia de Salomón sigue siendo verdadera. Una buena educación es algo noble, pero no puede brindar satisfacción duradera. Los diplomas avanzados, la sofistería filosófica y la ambición intelectual no son fuentes de felicidad. La sabiduría de Salomón era extraordinaria; su coeficiente intelectual, literalmente, era fuera de serie. Sobrepasaba el intelecto humano porque era una dádiva de Dios mismo. Aun así, sin Dios, Salomón descubrió que era vacía. Al igual que todo lo demás que intentó, la sabiduría no fue la respuesta a su problema.

LA CONCLUSIÓN DE SALOMÓN

La búsqueda de felicidad de Salomón terminó en decepción. Cuando buscó propósito, plenitud, significado y gozo, encontró solo inquietud, vaciedad, confusión y dolor. Aunque experimentó con todos los placeres y ambiciones de la vida (la diversión, el alcohol, el materialismo, el entretenimiento, el romance, los logros y la sabiduría), encontró que nada de esto era suficiente Todo era "vanidad y aflicción de espíritu".

Así que, ¿qué podemos aprender del experimento fallido de Salomón? Para empezar, podemos saber a ciencia cierta dónde *no* buscar nuestra satisfacción. Él ya hizo la parte difícil en nuestro lugar. Buscó los placeres del mundo con más resolución que lo que podríamos hacerlo nosotros. Tenía mejores oportunidades y más recursos. Aun así, descubrió que la fuente de la verdadera felicidad no era ninguna de estas cosas que buscó. Si aceptamos la conclusión de Salomón, nos libraremos de la vaciedad que viene al buscar los placeres pasajeros de esta vida.

Ahora bien, ¿dónde se encuentra la verdadera felicidad?

Salomón nos da una pista en Eclesiastés 2:24-25. En este pasaje, explicó: "Esto también yo he visto que es de la mano de Dios. Porque ¿quién comerá y quién se alegrará sin Él?" (LBLA). La pregunta retórica nos apunta a la fuente de todo gozo y plenitud verdaderas, es decir, Dios mismo.

Sin embargo, para entender por completo la conclusión de Salomón, debemos dirigir nuestra atención al final de Eclesiastés. En el último capítulo, nos da su respuesta y consejo finales. El veredicto no es de sorprender: "Vanidad de vanidades, dijo el Predicador, todo es vanidad" (12:8). No obstante, al escribir las últimas palabras de su libro, Salomón dirigió a sus lectores a la verdadera fuente de satisfacción duradera. Después de doce capítulos de reflexiones lúgubres, terminó con estas palabras de esperanza: "El fin de todo el discurso oído es este: Teme a Dios, y guarda sus mandamientos; porque esto es el todo del hombre. Porque Dios traerá toda obra a juicio, juntamente con toda cosa encubierta, sea buena o sea mala" (12:13-14).

Allí está el verdadero mensaje. El significado y la satisfacción verdaderas no pueden ser halladas en los placeres de este mundo, pero sí se ofrecen gratuitamente en los placeres de Dios, revelados en su Palabra. La felicidad duradera comienza cuando nos deleitamos en el Señor y acudimos a Él con un corazón lleno de adoración, obediencia, reverencia y asombro. Por otra parte, aunque podamos buscar (y hasta obtener) todas las cosas de este mundo, nunca estaremos satisfechos hasta encontrar nuestra plenitud en Dios y en su Hijo, Jesucristo. Como lo dijo Jesús mismo: "Yo he venido para que tengan vida, y para que la tengan en abundancia" (Juan 10:10). La verdadera vida solo se encuentra en Él.

Es verdad que la creación está llena de cosas maravillosas que podemos disfrutar, desde alimentos deliciosos hasta vistas sobrecogedoras y amistades íntimas. El problema llega cuando vemos esos deleites terrenales como la *fuente* de nuestra felicidad y no como lo que son en verdad: marcas en una brújula que nos apuntan a Dios. Solo *Él* puede brindar la satisfacción duradera que todos anhelamos. Por tanto, las alegrías de esta vida solo tienen sentido cuando Dios está en el centro de nuestros afectos. Solo pueden apreciarse de forma plena cuando se las considera desde una perspectiva eterna, regulada por la Palabra de Dios (Eclesiastés 12:13-14). Como lo afirmó Salomón mismo en Eclesiastés 11:9: "Alégrate, joven, en tu juventud, y tome placer tu corazón en los días de tu adolescencia; y anda en los caminos de tu corazón y en la vista de tus ojos; pero sabe, que sobre todas estas cosas te juzgará Dios".

El testimonio de Salomón nos sirve como dura advertencia y recordatorio oportuno hoy. Él aprendió a la mala que, mientras más vida busquemos fuera de Dios, más experimentaremos decepciones y vaciedad en nuestro corazón. La vida sin Dios es la cumbre suprema de la vanidad. Sin embargo, la vida en comunión con Él es la experiencia más dulce y satisfactoria posible. Es irónico que el hombre más sabio que vivió haya terminado su búsqueda justamente en el lugar donde nosotros debemos comenzar la nuestra: en el reconocimiento de que la búsqueda de la verdadera felicidad es la búsqueda de Dios mismo.

PREGUNTAS DE REFLEXIÓN PERSONAL

1. ¿Qué fue lo más interesante que aprendiste sobre la vida de Salomón en este capítulo?
2. ¿Cuáles son algunas ambiciones pasadas de tu vida que esperabas que te dieran felicidad?
3. Según este capítulo, ¿adónde conduce la búsqueda de satisfacción por medios mundanos?
4. ¿Desea Dios que su pueblo esté satisfecho? ¿Por qué?
5. ¿Cuál es el medio de satisfacción que Dios ha provisto?
6. ¿Hacia dónde apunta la brújula de tu corazón? ¿Qué ajustes necesitas hacer?
7. Lee los "Pasajes bíblicos para profundizar más". Al hacerlo, menciona de qué forma cada pasaje afirma, aclara o aplica las verdades que has aprendido en la lectura de este capítulo. ¿Algún otro versículo te viene a la mente?

PASAJES BÍBLICOS PARA PROFUNDIZAR MÁS

Salmos 34:8-10; Salmos 37:4-6, 16, 28; Salmos 103:2-5; Eclesiastés 5:10; Eclesiastés 11:9; Mateo 11:28-30; Juan 6:35,40; Filipenses 3:7-11.

3

El hombre verdadero atesora la Palabra de Dios

Lecciones de la vida de Josías

Tom Patton

Era una noche hermosa en el sur de California, momentos antes de sentarnos para cenar con la familia. De la nada, mi hijo Josías llegó corriendo, inusualmente animado.

—¿Qué es esto? —preguntó, mientras acariciaba la portada de cuero texturizado color negro de un antiguo tomo intrigante que había encontrado en el estante.

—Ah —dije rápidamente, al reconocer lo que tenía en sus manos—, veamos qué tienes allí.

Con renuencia, como si se tratara de un tesoro enterrado que ahora debía entregar, Josías colocó en mis manos este libro único. Lo que despertó la curiosidad de mi hijo no fue solo que se tratara de una Biblia. Como pastor, he coleccionado tantas Biblias a lo largo de los años que prácticamente es posible encontrarlas en cualquier parte de nuestro hogar. No, lo que hace que esta Biblia sea tan especial son las franjas de color carmesí que rodean sus orillas. Solo el dorso negro estaba libre de las marcas rojas. Parecía que la hubieran sumergido en sangre. Sé que fue la apariencia fascinante de este libro lo que atrajo la atención de mi hijo. Fue lo que atrajo mi propia atención hace casi una vida ya, cuando la descubrí escondida por primera vez entre otros libros de la librería de mi padre.

—Esta es una Biblia antigua —expliqué—. De hecho, es de hace unos ciento diez años.

—¡Es muy vieja! —exclamó Josías, sorprendido.

Yo le respondí con una sonrisa:

—Cierto, es bastante vieja, pero eso no es lo que la vuelve especial. Lo especial es su historia.

Luego, con ambas manos, abrí cuidadosamente la quebradiza cubierta para revelar tres obituarios amarillentos que habían sido doblados con delicadeza y colocados en el interior de la manga como memorial. La tipografía en negritas en la primera página revelaba el nombre del dueño original. El obituario decía: "La muerte del reverendo L. W. Swanner, que tuvo lugar un domingo a la 1:50 pm, fue una terrible sorpresa para sus muchos amigos en este sector. El difunto tenía treinta y dos años en el momento de su muerte [...]. Se convirtió en 1897 [y] entregó su tiempo, sus talentos y su fuerza al Señor y a su causa". Mientras yo leía esas palabras, podía ver que los ojos de mi hijo se abrían en sorpresa. Me miró con asombro y sin palabras mientras yo continuaba:

—Has hecho un gran descubrimiento, Josías, porque esta Biblia en específico pertenecía a tu tatarabuelo. Él fue seguidor de Dios, un predicador fiel y un hombre que vivió conforme al Libro.

EL HALLAZGO DEL LIBRO

Casi tres mil años antes de esa noche de verano en California, un escriba israelita de nombre Safán llegó corriendo emocionado a la presencia del hombre más poderoso en Jerusalén. En sus manos temblorosas, se hallaba un rollo antiguo. Su corazón latía con fuerza mientras presentaba al rey Josías el tesoro que había descubierto. Momentos antes, el sumo sacerdote, Hilcías, había estado dirigiendo la renovación del templo, cuando se encontró de improviso con un viejo pergamino abandonado en una esquina oscura de uno de los almacenes. Al darse cuenta de que cualquier descubrimiento de este tipo debía entregarse al secretario administrativo, Hilcías llamó a Safán para que evaluara el hallazgo. Era, por mucho, la reliquia más fascinante que había visto en su vida; tanto que rápidamente abrió su atadura y comenzó a leer. De inmediato, todo el peso de la Palabra de Dios cayó sobre su mente y corazón. En retrospectiva, nada pudo haberlo preparado para lo que leyó, porque nadie de su generación había sido expuesto a lo que ahora estaba en sus manos. El libro de la ley se había perdido, pero ahora había sido hallado.

EL MISTERIO DE LA PÉRDIDA DEL LIBRO

Por inimaginable que pudiera parecer a nuestra cultura, saturada de la Biblia, se estima que, para cuando ese rollo de las Escrituras fue llevado ante el rey Josías, había estado perdido durante casi cien años. ¡La Palabra de Dios no había sido leída ni obedecida por toda una generación! Había sido descuidada, olvidada y perdida.

¿Cómo pudo haber sucedido esto? La respuesta se encuentra, en parte, en la escasez de las Escrituras. En una época muy anterior a la duplicación electrónica, nunca existieron más de unas pocas docenas de copias de la Palabra de Dios al mismo tiempo en Israel. Ya que eran escritas en materiales frágiles como papiro, cuero y pergamino, las copias fácilmente se desintegraban con los años y debían ser preservadas con el mayor cuidado. Sin embargo, el caos creado por los desastres naturales y las guerras, especialmente frecuentes durante esa época del reino dividido, hacía que su preservación fuera un reto difícil. Para empeorar las cosas, muchos gobernantes malvados como Manasés se alegraron de ver copias de la ley de Dios destruidas o, al menos, ignoradas. La ausencia de la Palabra de Dios hizo más fácil que estos reyes guiaran al pueblo a la idolatría y al pecado.

De forma trágica e increíble, después de la muerte del rey piadoso, Ezequías, la Palabra de Dios fue escondida en el reino de Judá, el reino del sur, como un tesoro olvidado que no sería redescubierto sino hasta un siglo más tarde, por un mundo que ni siquiera lo buscaba. Sin embargo, todo cambió cuando el Libro llegó a las manos del rey Josías.

EL HOMBRE QUE SE LAMENTÓ POR EL LIBRO

Según 2 Crónicas 34:18, antes que Safán diera a Josías los rollos, le leyó su contenido completo. Debió de haber sido tremendamente emocionante, pero también tortuoso para el joven rey escuchar finalmente la ley de Dios. Cada palabra pronunciada se hizo sentir con pesadez en su corazón, como un martillo demoledor. Este era el estándar de Dios, y Josías se dio cuenta de que había sido ignorado durante casi un siglo.

En respuesta, el rey tomó sus vestidos y los desgarró en angustia indescriptible. Fue herido en lo más hondo; fue tan profundamente conmovido por lo que escuchó que se arrancó la túnica real en horror y remordimiento. Por primera vez en su vida, entendió todo lo que Dios exigía de él. De manera que se quedó allí, inmóvil, abrumado por la culpa y la miseria. Luego, en un momento decisivo, juró que nunca permitiría que volviera a suceder. Verás, cuando Josías tomó posesión de la Palabra de Dios, se dio cuenta de que la Palabra de Dios debía tomar posesión de él. Así que se dio a la tarea de transformar todo su mundo y comenzó con el mundo dentro de sí mismo (2 Reyes 23:3).

EL SIGNIFICADO DEL HALLAZGO DEL LIBRO

Vivimos en una era muy similar a la de Josías. Aunque tenemos muchas Biblias, la Palabra de Dios prácticamente se ha perdido también en nuestra sociedad. Incluso en muchas iglesias, la terrible verdad es que las Escrituras han estado ausentes del púlpito durante mucho tiempo. La ironía aterradora de la época de Josías también puede verse en la nuestra. El libro de la ley no se perdió en el mercado, en las universidades ni en la plaza pública; se perdió en el santuario. El lugar mismo desde el que fue una vez proclamado como la joya de la corona de la vida judía se convirtió en el lugar de su escondite.

No obstante, la historia de Josías nos da esperanza. Aunque la Palabra de Dios se había perdido en el templo, también fue encontrada allí. Ah, ¡que la iglesia actual redescubra las ricas bendiciones de las Escrituras! Al igual que Josías, todos debemos encontrarnos frente a frente con el Libro, redescubrirlo para rasgar nuestras ropas en arrepentimiento y restaurarlo al lugar que se merece en nuestro corazón, hogar e iglesia. Eso es lo que significa atesorar la Palabra de Dios.

EL MÉTODO PARA ENCONTRAR EL LIBRO

Cuando estudiamos la vida de personajes piadosos en la Biblia, vemos cómo los diferentes eventos y etapas de su vida moldearon poco a poco su carácter. Aunque el Acto primero puede revelar un cierto grado de ignorancia o de debilidad en el personaje que estamos estudiando, con el tiempo descubrimos que fue un ingrediente necesario para prepararlo para el Acto segundo. Revisar toda la vida de una persona nos permite ver la imagen completa de la obra providencial de Dios, la forma en que guio cada evento para su gloria y para bien de la persona.

Ciertamente, esto sucede con el rey Josías. Al principio de su vida, ignoraba la ley de Dios, pero esa ignorancia fue el ingrediente que Dios usó para avivar su anhelo por conocer la verdad. Y ese deseo, en compañía con su descubrimiento de la Palabra de Dios, se convirtió en una devoción profunda al Señor, que a continuación provocó un avivamiento generalizado en Israel. Desde el anhelo hasta el descubrimiento y luego la devoción, el compromiso de Josías con la Palabra de Dios es un ejemplo maravilloso que debemos considerar. Una vez que descubrió la ley del Señor, su vida cambió para siempre. Su respuesta a las Escrituras es de notar y nos enseña una lección importante: Los hombres verdaderos atesoran la Palabra de Dios. Son hombres del Libro. Veamos tres aspectos de lo que esto significa.

1. Los hombres del Libro anhelan la Palabra de Dios

Sin duda, el legado más importante del rey Josías es la reforma espiritual que provocó en Judá. Él fue el único restaurador de la Palabra de Dios en su generación y el catalizador más poderoso que Dios utilizó para avivar a su pueblo. Él entendió la profunda responsabilidad que tenía de llevar el recién descubierto Libro de la Verdad al pueblo, de devolverlo al lugar que merecía. Sin embargo, eso nunca habría sucedido si Josías no hubiera anhelado obedecer la Palabra de Dios.

Cuando Josías ascendió al trono de Israel, tenía tan solo ocho años. Era una época de profunda oscuridad espiritual en Israel. El impío padre de Josías, antes de ser asesinado, intentó eliminar la adoración al Dios verdadero. Los profetas Isaías y Miqueas habían muerto ya y Jeremías aún no entraba en escena. La ley de Dios estaba perdida, lo que significa que Josías ni siquiera tenía acceso a la verdad de las Escrituras. No obstante, en el octavo año de su reinado, a los dieciséis años, Josías "comenzó a limpiar a Judá y a Jerusalén de los lugares altos, imágenes de Asera, esculturas, e imágenes fundidas" (2 Crónicas 34:3).

En medio de las influencias paganas de idolatría y a pesar de la supresión de las Escrituras, ¡el joven Josías buscó al Señor! Y, por gracia, el Señor le dio suficiente luz para llegarlo a conocer. No podemos saber de qué forma precisa sucedió esto. Quizás por medio de una reunión secreta con un adorador de Jehová o tal vez mediante el descubrimiento de una pequeña porción de las Escrituras que no se había perdido. Sencillamente, no lo sabemos. Lo que sí sabemos es que, de alguna manera, el Señor condujo a Josías a sí mismo y que, cuatro años más tarde, el rey comenzó con las reformas (2 Crónicas 34:3-7).

Incluso sin una copia de la ley de Dios a disposición, Josías sabía lo suficiente como para destruir todos los ídolos (2 Crónicas 34:7) y renovar el templo para el culto (v. 8). Sin embargo, aunque tenía un celo tremendo por Dios, todavía no tenía el Libro. Lo mejor que pudo hacer fue dirigir sus esfuerzos hacia las cosas que él pensaba debían cambiar, pero no tenía un plano; no tenía un patrón bíblico de consejo que seguir.

A pesar de esto, su anhelo era noble: honrar a Dios y eliminar cualquier cosa que pudiera distraer de la adoración pura. Aunque aún no poseía los rollos sagrados, es claro que sí poseía un anhelo por conocer y obedecer la Palabra de Dios. Al igual que Josías, si queremos *atesorar* la Palabra de Dios, primero debemos *anhelarla*. El apóstol Pedro enseñó lo mismo a los cristianos de Asia Menor y les mandó: "Desead, como niños recién nacidos, la leche espiritual no adulterada, para que por ella crezcáis para salvación" (1 Pedro 2:2). Si queremos crecer en piedad y en madurez espiritual, nuestro anhelo debe preceder a nuestro andar.

2. Los hombres del Libro descubren la Palabra de Dios

Además de anhelar la Palabra de Dios, los hombres piadosos también deben descubrirla. En la actualidad, las iglesias están llenas de varones que han puesto su fe en Cristo, pero que, aun así, fundamentan sus decisiones diarias en cosas que no son la Palabra de Dios. Desean conocer la voluntad de Dios, pero no buscan la Palabra de Dios por sí mismos. Ante el ejemplo de Josías, debemos desempolvar nuestra Biblia sin abrir y descubrir de nuevo su verdad vivificante. Cuando Josías descubrió el libro de la ley, respondió con arrepentimiento y determinación. Se puso en acción, resuelto a dirigir a la nación en guardar la Palabra de Dios.

Según Deuteronomio 31:26, la copia original de la ley, escrita a mano por Moisés, fue depositada junto al arca del pacto y guardada allí para ser leída cada siete años (cp. los vv. 10-11). Es interesante que no hubiera provisiones en las Escrituras para hacer copias hasta que Israel tuviera un rey. De manera que, durante un período que no conocemos con exactitud, no se hacían copias de las Escrituras en absoluto. Sin embargo, en Deuteronomio 17:18, leemos: "Y cuando [el rey] se siente sobre el trono de su reino, entonces escribirá para sí en un libro una copia de esta ley, del original que está al cuidado de los sacerdotes levitas". En otras palabras, era responsabilidad del rey hacer una copia de las Escrituras para sí.

Es posible que hubiera otras copias para los profetas o sacerdotes, pero el punto era que, si el rey quería dirigir al pueblo de Dios de forma correcta, le era necesario tener una copia de la Palabra de Dios. Para poder entender plenamente lo que el Rey divino requería de él, el rey humano debía tener acceso directo al Libro. Tendría que estudiarlo, guardarlo en su corazón, meditar en su belleza, recordar sus mandatos y enseñar sus lecciones épicas. Sin embargo, desde la época de Ezequías, un siglo antes de Josías, no se habían hecho copias. El resultado fue un desastre espiritual para el reino de Judá.

Los efectos devastadores fueron evidentes en el templo que, para la época de Josías, no había sido reparado durante al menos sesenta años (y quizás hasta doscientos años). Tristemente, como lo indica el relato bíblico, "los reyes de Judá habían dejado que [los edificios] se arruinaran" (2 Crónicas 34:11, NBLA). Sin embargo, el rey Josías, deseoso de hacer lo correcto delante del Señor, planeó restaurarlo. Después que las renovaciones comenzaron, pasaron varios años antes que fuera descubierta la copia de la ley. Y, cuando lo fue, todo cambió.

Por esta razón, Josías tembló de la emoción cuando Safán llegó corriendo a la sala del trono y anunció el descubrimiento. Por eso también el rey rasgó sus vestidos reales cuando escuchó la lectura de la Palabra de Dios y se dio cuenta de lo lejos que Judá se había desviado. La respuesta de Josías fue humilde y de corazón: "Grande es la ira de Jehová que ha caído sobre nosotros, por cuanto nuestros padres no guardaron la palabra de Jehová, para hacer conforme a todo lo que está escrito en este libro" (v. 21). Y Dios escuchó su clamor reverente de arrepentimiento (vv. 26-28).

Josías quería hacer lo correcto, pero no contaba con el instructivo… hasta ahora. Una vez que se encontró el Libro, se dio cuenta de que sus mejores intenciones eran insuficientes porque no estaban siendo guiadas por la Palabra de verdad. Lo mismo sucede con nosotros. A menos que estemos viviendo por el Libro, nuestros mejores esfuerzos son vanos. Al igual que Josías, debemos descubrir por nosotros mismos la Palabra de Dios.

3. Los hombres del Libro se empapan de la Palabra de Dios

A medida que Josías se sumergía en las Escrituras, descubrió que había mucho que hacer. No solo era necesario renovar la estructura del templo, sino también la manera misma en que se dirigía el culto en Judá. ¿Qué hizo el rey? Se empapó del Libro y prestó atención a todos sus detalles. Luego, compartió sus increíbles hallazgos con todos a su alrededor. Según 2 Crónicas 34:30, "subió el rey a la casa de Jehová, y con él todos los varones de

Judá, y los moradores de Jerusalén, los sacerdotes, los levitas y todo el pueblo, desde el mayor hasta el más pequeño; y leyó a oídos de ellos todas las palabras del libro del pacto que había sido hallado en la casa de Jehová". Primero, probó de forma personal sus ricas verdades y, luego, las proclamó en público a la nación.

Además, Josías fue rápido para aplicar sus preceptos. Cuando entendió lo que Dios exigía, no dudó en obedecer. Reinstauró la celebración de la Pascua, descuidada de antaño, y aportó treinta mil ovejas y tres mil bueyes de su propiedad para que el pueblo ofreciera sacrificios al Señor. En 2 Crónicas 35:18, se nos explica que "nunca fue celebrada una pascua como esta en Israel desde los días de Samuel el profeta; ni ningún rey de Israel celebró pascua tal como la que celebró el rey Josías, con los sacerdotes y levitas, y todo Judá e Israel, los que se hallaron allí, juntamente con los moradores de Jerusalén". Fue tan conmovido por lo que leyó que, cuando se empapó de la verdad, esto provocó un avivamiento en toda la nación. Lo mismo sucede con nosotros. Cuando descubrimos la Palabra de Dios y dedicamos nuestro corazón y nuestra mente a su verdad, debemos responder con acción y obediencia.

En 2 Reyes 23:25 encontramos un informe estelar de la vida de Josías: "No hubo otro rey antes de él, que se convirtiese a Jehová de todo su corazón, de toda su alma y de todas sus fuerzas, conforme a toda la ley de Moisés; ni después de él nació otro igual". ¡Qué legado! En toda la historia de Judá, ningún rey demostró un compromiso más grande con volverse del error y obedecer en sumisión la Palabra de Dios, que Josías. Así, representa un maravilloso modelo de la reforma y el avivamiento que se producen cuando se anhelan, se descubren y se incorporan las Escrituras. La historia del rey Josías es única y conmovedora, nos advierte de los peligros de olvidar las Escrituras y nos recuerda de nuestra necesidad de atesorar la Palabra de Dios con todo nuestro corazón. Si lo hacemos, participaremos en el legado de Josías, influenciaremos a nuestros amigos y familiares hacia la piedad y dejaremos una herencia maravillosa de bendición para las generaciones venideras.

ATESORAR LA PALABRA DE DIOS

Durante una de las sesiones en la capilla cuando estuve en el seminario, el presidente de nuestra facultad predicó un mensaje sobre la importancia de la Palabra de Dios y usó el Salmo 19. Durante el mensaje, se refirió a una Biblia enorme del siglo XVI que había podido ver y sostener en sus manos. Explicó que, al abrirla, lo primero que notó fue que todas las páginas estaban manchadas. Era evidente que, en algún punto en el pasado, la Biblia había sido sumergida en un líquido como hasta tres cuartas partes. Sin embargo, no se trataba de cualquier líquido. La marca del agua en las páginas se había degradado un poco, pero el tinte rojizo rosado seguía siendo perceptible.

Estuvimos allí, boquiabiertos mientras explicaba el contexto histórico. A principios del siglo XVI, María la Sanguinaria, la reina católica de Inglaterra, masacró a cientos de cristianos protestantes. Poseer una Biblia era ilegal, como también lo era creer en el evangelio verdadero. En algunos casos, antes que la persona fuera quemada en la hoguera, se le hacía un corte en las muñecas y se las colocaba sobre un tazón que se llenaba de sangre. Sus acusadores luego tomaban su Biblia y, como acto de desprecio y desdén, la sumergían en el líquido carmesí.

El resultado era una Biblia con páginas teñidas con sangre. No obstante, lo que originalmente fue pensado como una burla, ahora representaba un monumento a la fidelidad de los mártires. Al terminar su mensaje delante de un salón lleno de varones que nos entrenábamos para el ministerio pastoral, el presidente nos retó a nunca olvidar el precio que algunos habían pagado por las

Escrituras. Para los mártires del siglo XVI, la Palabra de Dios era preciosa. Ellos la atesoraban tanto que estuvieron dispuestos a derramar su sangre y a morir por ella. *¿Qué hay de nosotros?*

La cena se había terminado y también nuestra charla. Devolví a mi hijo, Josías, la Biblia de mi bisabuelo. Aunque él era muy perceptivo para un niño de ocho años, pensé que tal vez sería bueno para él quedarse allí parado con la Biblia en las manos y permitir que meditara en todo lo que le había dicho. Estaba seguro de que el libro con bordes carmesíes se sentía diferente ahora en sus manos, probablemente mucho más pesado. Luego, casi como frase de una ceremonia de iniciación, le dije: "Anda, regrésalo a la repisa, pero ten cuidado, Josías; eso que encontraste no es un libro cualquiera; para nuestra familia, es un tesoro".

PREGUNTAS DE REFLEXIÓN PERSONAL

1. ¿Qué fue lo más interesante que aprendiste sobre la vida de Josías en este capítulo?
2. ¿Qué hace que la Biblia sea un tesoro digno de preservar?
3. ¿Qué acciones puedes tomar para ratificar que en verdad crees que las Escrituras son un tesoro?
4. ¿De qué forma describirían tu actitud hacia las Escrituras quienes mejor te conocen?
5. ¿Cómo puedes asegurarte de aplicar la Palabra de Dios a tu propia vida de forma más regular?
6. Como varón (y quizás como esposo y padre), ¿qué pasos estás tomando para asegurarte de que la verdad de la Palabra de Dios permee también a tu familia?

7. Lee los "Pasajes bíblicos para profundizar más". Al hacerlo, menciona de qué forma cada pasaje afirma, aclara o aplica las verdades que has aprendido en la lectura de este capítulo. ¿Algún otro versículo te viene a la mente?

PASAJES BÍBLICOS PARA PROFUNDIZAR MÁS

Salmos 1:1-3; Salmos 19:7-11; Salmos 119:103-105; Isaías 66:1-2; Juan 17:17; Efesios 6:13, 17; Hebreos 4:12; Santiago 1:21-25; 1 Pedro 2:1-3.

4

El hombre verdadero ora con valentía

Lecciones de la vida de Elías

JUSTIN MCKITTERICK

El polvo de aquella tierra que moría de sed finalmente comenzaba a asentarse después de un largo día. La descolorida campiña no había recibido lluvia durante tres años. La sequía asfixiaba la tierra y, como resultado, la hambruna asolaba a sus habitantes. Un profeta cansado, acompañado únicamente por su siervo, subía a pie los últimos pasos dolorosos hasta la cima del monte Carmelo, solo para caer de rodillas. Aunque agotado, no se encorvó para encontrar descanso físico. Una necesidad aún mayor atormentaba su alma. Se había arrodillado a orar. Inclinado hacia el piso, con su rostro entre las rodillas, Elías pidió valientemente alivio al Creador del universo.

¿DÓNDE ESTÁN LOS HOMBRES DE ORACIÓN DE NUESTRA ÉPOCA?

Al considerar el ejemplo de Elías, surge de inmediato una pregunta: ¿Dónde están los hombres de nuestra generación que, al igual que el notable profeta, están marcados por una vida de oración humilde y, sin embargo, confiada? Tristemente, vivimos en una época cuando la oración es mucho más mencionada que practicada. ¿Dónde, pues, están los varones con rodillas encallecidas y corazones ablandados? Cuán fácil es sentir convicción por nuestra falta de oración y no hacer nada para cambiar. Con demasiada frecuencia, nos contentamos con peticiones de medio ánimo que susurramos mientras nos quedamos dormidos, en lugar de disfrutar del asombroso privilegio de una comunión profunda con Dios mismo.

J. C. Ryle dijo: "Dime cuáles son las oraciones del hombre y te diré pronto el estado de su alma".[1] A menudo, nos preguntamos por qué hay tantas almas en lucha, por qué el corazón de los varones se distrae, se desanima y se engaña con tanta facilidad. Las potentes palabras de Ryle revelan nuestra necesidad de oración. La salud de nuestro corazón y de nuestra alma depende de ella. La oración nos da acceso al trono de la gracia, adonde somos invitados a acudir con reverencia, humildad, confianza y valentía (Hebreos 4:16). La oración conforme a la Palabra de Dios permite que su voluntad invada nuestro corazón y que su gloria consuma nuestra mente.

Santiago escribió: "La oración eficaz del justo puede mucho" (Santiago 5:16). En la oración de los justos, sus peticiones se elevan como incienso delante del Señor y Él se agrada en responderlas. De hecho, dentro de los propósitos soberanos de Dios y según su infinita sabiduría, Él utiliza la oración para cumplir sus planes. Dejemos algo en claro: el poder de la oración no está en la persona que ora, sino en el Dios que responde. La oración "puede mucho" solo porque Dios puede hacer "mucho más abundantemente de lo que pedimos o entendemos" (Efesios 3:20). Y

---

1. J. C. Ryle, *A Call to Prayer: An Urgent Plea to Enter into the Secret Place* (Laurel, MS: Audubon Press, s.f.), 35.

nuestro gran Dios se deleita en las oraciones de su pueblo, los que lo amamos y andamos en rectitud (cp. Salmos 145:18-19). Elías era un hombre así. En Santiago 5:17-18, se lo presenta como un poderoso ejemplo de oración. Ahora bien, ¿qué hizo que su vida de oración fuera tan efectiva? Y ¿qué podemos aprender de este hombre respecto a la manera en que debemos orar? Para responder estas preguntas, debemos profundizar en la vida y en el ministerio de este fiel varón de Dios.

UNA ERA DE SEQUÍA ESPIRITUAL

Elías llegó a la escena durante una de las etapas más oscuras de Israel. La guerra civil había dividido a la nación en dos. La adoración a ídolos era generalizada y los caminos de Dios habían sido olvidados. Múltiples generaciones de monarcas malvados habían dejado al pueblo desprovisto en lo espiritual. Esta época fue tan desalentadora que incluso Elías se preguntó si él era el único creyente verdadero que quedaba (1 Reyes 19:14). El horizonte religioso de su tiempo estaba desierto y sediento.

Acab, el gobernante del reino del norte, fue el monarca más corrupto de la historia de Israel hasta ese momento. Según 1 Reyes 16:33, "Acab [hizo] más que todos los reyes de Israel que reinaron antes que él, para provocar la ira de Jehová Dios de Israel". Cual veneno mortal, su reinado contaminó a Israel con impiedad.

La maldad de Acab solo fue superada por la de su esposa. Él se había casado con Jezabel, una adoradora de Baal, hija del rey fenicio de los sidonios. La adoración al ídolo Baal era común entre los vecinos de Israel y Jezabel la incorporó cuando se volvió reina. Si Acab fue el veneno ponzoñoso que infectó a Israel, Jezabel fue la serpiente detrás de la mordida. Las Escrituras nos informan que "ninguno fue como Acab, que se vendió para hacer lo malo ante los ojos de Jehová; *porque Jezabel su mujer lo incitaba*"

(1 Reyes 21:25). La idolatría de Jezabel dirigía a Acab como una contracorriente controla a un barco sin timón, y el resto de Israel se subió también al desastroso recorrido. En medio de esta espiral descendente de pecado, Dios llamó a Elías a un ministerio de enfrentamiento.

La idolatría de Israel era una ofensa grave en contra de Dios. Siglos antes, Moisés había advertido al pueblo de las tremendas consecuencias de la adoración falsa.

> Guardaos, pues, que vuestro corazón no se infatúe, y os apartéis y sirváis a dioses ajenos, y os inclinéis a ellos; y se encienda el furor de Jehová sobre vosotros, y cierre los cielos, y no haya lluvia, ni la tierra dé su fruto, y perezcáis pronto de la buena tierra que os da Jehová (Deuteronomio 11:16-17).

Israel, como cualquier sociedad agrícola, dependía de la lluvia para su supervivencia. Sin precipitación, la tierra se convierte rápidamente en polvo sin vida. Elías conocía bien las palabras de Dios reveladas por medio de Moisés. El Señor había advertido que la sequía espiritual provocaría una sequía física. Ahora, Elías oró para que se cumpliera el castigo prometido de Dios. Sabemos por Santiago que "oró fervientemente para que no lloviese, y no llovió sobre la tierra por tres años y seis meses. Y otra vez oró, y el cielo dio lluvia, y la tierra produjo su fruto" (Santiago 5:17-18).

Cuando Elías se acercó a Acab para hablarle de la sequía que se avecinaba, la tierra ya había estado seca durante seis meses. La temporada seca normal había llegado y se había ido. Era hora de lluvia, pero la profecía fatídica de Elías dejó en claro que la lluvia no llegaría. Acab debió de haberse sorprendido por la audaz predicción del profeta: "No habrá lluvia ni rocío en estos años, sino por mi palabra" (1 Reyes 17:1). Ni una sola gota de agua tocaría el suelo de Israel durante tres años, hasta el día en que Elías subiera a la cima del monte Carmelo y se arrodillara para pedir lluvia en oración.

Unos novecientos años más tarde, Santiago recordó la vida de oración de Elías como ejemplo de la forma en que debemos orar. Elías conocía la Palabra de Dios y oró conforme a ella. Su confianza y valentía no estaban puestas en sí mismo, sino más bien en las promesas y en la persona de Dios. Él pidió a Dios que detuviera la lluvia porque recordó las advertencias reveladas por medio de Moisés y porque su pasión era que solo el Señor fuera adorado. Su vida ferviente de oración, fundamentada en las Escrituras y consumida por la gloria de Dios, lo vuelve un ejemplo convincente que debemos emular.

ORACIONES AUDACES DE UN HOMBRE NORMAL

En este punto, es fácil sentirnos intimidados. Elías fue uno de los superestrellas espirituales de la Biblia. Es considerado uno de los profetas más importantes y es reconocido por sus milagros poderosos, como levantar al hijo de una viuda de entre los muertos (1 Reyes 17:17-24), hacer caer fuego del cielo (1 Reyes 18:36-38) y abrir las aguas del Jordán (2 Reyes 2:8). Su valiente denuncia del pecado de Israel hace parecer que nunca sintió miedo. Y su viaje al cielo en una carreta de fuego lo hace sonar casi legendario (2 Reyes 2:11). Su legado es tal que el Nuevo Testamento lo menciona veintinueve veces. Incluso, Elías apareció con Jesús en la transfiguración y muchos creen que ministrará de nuevo en la tierra durante la tribulación. Este hombre es una de las estrellas espirituales de la historia.

Ya puedo oír tus pensamientos. *Aprecio que Santiago haya señalado a Elías como ejemplo, pero este personaje está fuera de mi alcance. Fue un profeta enviado por Dios y un profesional. Realizaba milagros y proclamaba la palabra de Dios. Este hombre ni siquiera murió. ¿Cómo se supone que me debo identificar con él?* Sin embargo, antes de descontar a Elías como un estándar imposible, revisa de nuevo el increíble enunciado en Santiago 5:17: "Elías era hombre sujeto a pasiones semejantes a las nuestras".

Él era un hombre muy piadoso, pero seguía siendo solo un hombre. Según la descripción de Santiago, tenía anhelos, luchas y una naturaleza como la nuestra. Era justo, pero no perfecto. Fue usado por Dios de maneras asombrosas, pero era un ser humano normal, como tú y como yo. Tuvo hambre (1 Reyes 7:11) y se cansó (1 Reyes 19:5). Luchó con el temor, la ansiedad, la incertidumbre y hasta la depresión (1 Reyes 19:3-4). Fue criticado (1 Reyes 17:18) y a veces se sintió completamente solo (1 Reyes 19:14). Cuando Jezabel intentó matarlo, él huyó en terror, se escondió en el desierto y se regodeó en desesperación (1 Reyes 19:4). Conoció el dolor y la dificultad y estuvo sujeto a las mismas tentaciones, distracciones, cargas y excusas que nosotros enfrentamos. Sin embargo, en medio de la adversidad, la incertidumbre y las luchas, Elías fue fiel en su oración. Como lo hace notar William Varner: "Verás, esa es la diferencia entre Elías y nosotros. No es que su naturaleza fuera diferente a la nuestra; es que no hemos aprendido a orar como él. Esa es la diferencia. Él fue un hombre, pero un hombre que estuvo en la presencia de Dios".[2]

Es importante darnos cuenta de que Santiago no nos llama a imitar las labores proféticas de Elías. Él no se enfocó en sus milagros ni en su enfrentamiento con Acab. Nada en las Escrituras nos instruye a buscar duplicar los prodigios sobrenaturales que Elías realizó. Sin embargo, sí somos llamado a imitar su vida espiritual. Santiago enfatizó a propósito que Elías era un hombre normal, igual a nosotros, que elevó oraciones audaces en fe.

---

2. William Varner, *The Chariot of Israel: Exploits of the Prophet Elijah*, 4.ª ed. (Bellmawr, NJ: The Friends of Israel Gospel Ministry, 1991), 22.

LOS PRERREQUISITOS DE LA ORACIÓN: FE Y JUSTICIA

Parecería extraño sugerir que la oración tiene prerrequisitos, pero la valentía y efectividad de la vida de oración de Elías estaban edificadas sobre el sólido fundamento espiritual de la fe y la justicia.

Primero, consideremos la fe de Elías. Al inicio de su carta, Santiago escribió:

> Si alguno de vosotros tiene falta de sabiduría, pídala a Dios, el cual da a todos abundantemente y sin reproche, y le será dada. Pero *pida con fe, no dudando nada*; porque el que duda es semejante a la onda del mar, que es arrastrada por el viento y echada de una parte a otra. No piense, pues, quien tal haga, que recibirá cosa alguna del Señor. El hombre de doble ánimo es inconstante en todos sus caminos (Santiago 1:5-8).

Sin fe, la oración carece de sentido. La oración reconoce el poder, la soberanía y la suficiencia de Dios. Admite las debilidades humanas y confía en la sabiduría y la fuerza divinas. Cuando Elías oraba, creía que Dios podía responder y que de hecho lo haría. Aunque sus circunstancias eran difíciles, emotivas e inciertas, Elías oró con fe en que el Dios absolutamente sabio y poderoso escucharía y respondería.

Cuando pidió a Dios que cerrara los cielos, oró en fe, con la certeza de que Él también los abriría de nuevo. Después de tres años y medio, subió a la cima del monte Carmelo y, aunque no había ni una nube en el cielo, oró por lluvia. Su fe fue tan fuerte que, incluso antes de comenzar a orar, le dijo a Acab que se escucharía "una lluvia grande" (1 Reyes 18:41). Aún de rodillas, Elías envió a su criado a mirar hacia el mar en busca de señales de la lluvia inminente. En seis ocasiones, el criado regresó y le informó:

"No hay nada". La fe de Elías permaneció firme y siguió orando. Cuando el criado regresó la séptima vez, había una nueva mirada en su rostro. "Yo veo una pequeña nube como la palma de la mano de un hombre, que sube del mar" (1 Reyes 19:44). Pronto, comenzó el aguacero.

Aunque Elías no es nombrado de forma explícita en Hebreos 11, ciertamente fue caracterizado por la misma fe y confianza que marcaron a Abel, Enoc, Noé, Abraham y al resto de los que son mencionados allí. Como lo expresa el escritor de Hebreos: "Es, pues, la fe la certeza de lo que se espera, la convicción de lo que no se ve. Porque por ella alcanzaron buen testimonio los antiguos" (vv. 1-2). Elías puso su esperanza en el Señor, incluso cuando la respuesta que buscaba no podía verse desde una perspectiva terrenal. Su confianza inamovible en la Palabra de Dios y en su poder le permitieron orar con audacia.

Santiago describió a Elías, no solo como un hombre de fe, sino también como un hombre de justicia. En referencia a Elías, escribió: "La oración eficaz del *justo* puede mucho" (Santiago 5:16). Santiago entendió que el pecado y la oración no van de la mano. De manera que recordó a sus lectores que una vida santa es esencial para una oración efectiva.

Si alguna vez has conducido un auto con una llanta ponchada, sabes lo difícil que es controlar la dirección bajo tales circunstancias. El auto se desvía y se sale del camino sin previo aviso. Incluso bajar la velocidad no soluciona el problema. En última instancia, lo único que se puede hacer es detenerse. Nada desacelera el poder de la oración con más rapidez que el pecado. Al igual que una llanta ponchada, el pecado desvía tu corazón y saca del camino tu mente, te extrae de la voluntad de Dios y te pone en desacuerdo con su santidad. En términos sencillos, el pecado reprime la oración. Salmos 66:18 deja clarísimo este punto: "Si en mi corazón hubiese yo mirado a la iniquidad, el Señor no me habría escuchado". En cambio, "Jehová [...] oye la oración de los justos" (Proverbios 15:29). La realidad es que no puedes orar con confianza si estás viviendo en pecado, sin arrepentirte. Esto no significa que sea necesario ser perfecto. Todos nosotros, incluyendo Elías, somos pecadores salvos por gracia que seguimos creciendo en santificación. Sin embargo, solo en la medida en que confesamos nuestros pecados y andamos en santidad porque sabemos que hemos sido perdonados mediante Jesucristo, podemos acercarnos confiadamente al trono de la gracia.

UN PATRÓN PARA UNA ORACIÓN PODEROSA

El libro de Santiago nos invita a aprender del ejemplo de Elías. Puede que no estemos orando por lluvia, pero sí somos llamados a orar con el mismo fervor que él y a esperar que Dios obre conforme a su Palabra, para su gloria. Con los prerrequisitos de la fe y de la justicia en mente, ahora podemos fijar nuestra atención en los detalles de la vida de oración del profeta. Elías ejemplificó, al menos, cuatro características de la oración poderosa que haríamos bien en imitar. Al estudiar su ejemplo, pronto aprendemos qué sucede en la realidad cuando los hombres verdaderos oran.

1. Los hombres de oración oran con fervor

Santiago 5:17 explica que Elías "oró fervientemente". La traducción literal de esta frase es: "con oración, oró". El lenguaje es enfático y revela la intensidad de la intercesión de Elías. Él se dedicó de forma específica e intencional a la oración. Seguramente, sentía el peso abrumador de su petición de juicio divino sobre Israel. No obstante, también era consumido por un asombro reverente por Aquel a quien servía, y estaba más preocupado por la gloria de Dios que por cualquier otra cosa. Solo el Señor podía hacer que cambiaran las cosas en Israel. Así pues, el profeta cayó de rodillas y oró. La oración no era una ocurrencia tardía ni un plan de contingencia; era el único plan de Elías, porque Dios era su única esperanza.

¡Ah, que nos acerquemos a Dios con el mismo nivel de intensidad! ¡¿Con cuánta más intención oraríamos si tan solo recordáramos cuán grande es Dios, cuán débiles somos, cuán perdido está el mundo y cuánto está en juego?! Debemos recordarnos a nosotros mismos la exhortación de Pablo: "Perseverad en la oración, velando en ella con acción de gracias" (Colosenses 4:2). La oración ferviente no sucede de la nada. Toma esfuerzo, concentración y tiempo. Al igual que un atleta esforzado que prioriza el trabajo arduo en el gimnasio, el hombre de Dios persevera en la oración porque entiende que su vitalidad espiritual depende de ello.

2. Los hombres de oración oran con frecuencia

A menudo, relegamos la oración a nuestro devocional privado. Como creyentes, en verdad necesitamos estos momentos, pero la oración de Elías fue mucho más que eso. No se limitaba a una lista de quehaceres, a un tiempo a solas compartimentado ni a unas pocas y cortas palabras antes de una comida. Para Elías, la oración era un estilo de vida. En 1 Tesalonicenses 5:17, Pablo instruyó a los creyentes: "Orad sin cesar" y Elías ejemplificó ese principio.

La oración permeaba la vida del profeta. Cuando quiso que Dios enviara una sequía, oró. Cuando el hijo de la viuda murió, oró. Cuando se enfrentó a los profetas de Baal en el monte Carmelo, oró. Cuando le dijo a Acab que Dios enviaría lluvia, oró. Cuando Jezabel buscó matarlo, oró. Oró en público en la cima del monte y en privado en el desierto. Adondequiera que iba, sin importar sus circunstancias, Elías vivía en comunión constante con Dios. Podemos aprender mucho en este aspecto. La valentía de Elías delante del Señor se produjo porque frecuentemente se hallaba en compañerismo íntimo con Él.

La oración es una parte maravillosa de la relación que los creyentes disfrutan con Dios. Es un resultado natural de nuestra comunión con Él y, como tal, debería ser parte normal de nuestra vida cotidiana. Como se trata de un estilo de vida, la Biblia no nos da una fórmula estandarizada de cuándo orar. Sencillamente, asume que los hombres piadosos se caracterizan por su oración. Vemos que David oraba temprano por la mañana (Salmos 5:3) y tarde por la noche (Salmos 63:6). Daniel oraba tres veces al día (Daniel 6:10). Jesús a menudo se apartaba al silencio del desierto para orar a solas (Lucas 5:16). Nehemías pronunció una rápida petición de ayuda en oración cuando estaba delante del rey (Nehemías 2:4). Pablo oraba de noche y de día por los tesalonicenses (1 Tesalonicenses 3:10). Como lo demuestran estos ejemplos, la expectativa de las Escrituras es que los hombres piadosos oren de forma persistente y regular, no motivados por vanas repeticiones ni por una rutina rígida, sino más bien por un corazón que en verdad disfruta de una comunión con el Dios vivo.

3. Los hombres de oración oran con humildad

Santiago 4:6 informa que "Dios resiste a los soberbios, y da gracia a los humildes". La vida de oración de Elías estaba caracterizada por la humildad. Cuando el profeta oró por lluvia, "postrándose en tierra, puso su rostro entre las rodillas" (1 Reyes 18:42). Su postura de reverencia reflejaba la humildad en su corazón. Él no se acercaba a Dios de forma casual ni frívola. Se acercaba a Él con confianza, pero no con arrogancia.

Otro ejemplo vívido de la humildad de Elías en la oración se revela en 1 Reyes 18:36-37. Después que los sacerdotes de Baal fracasaron en hacer descender fuego del cielo con la ayuda de sus dioses falsos, fue el turno de Elías de invocar con valentía al Dios verdadero. Observa el propósito detrás de su petición:

> Jehová Dios de Abraham, de Isaac y de Israel, sea hoy manifiesto que tú eres Dios en Israel, y que yo soy tu siervo, y que por mandato tuyo he hecho todas estas cosas. Respóndeme, Jehová, respóndeme, para que conozca este pueblo que tú, oh Jehová, eres el Dios, y que tú vuelves a ti el corazón de ellos.

Él oró para que nombre de Dios fuera conocido y su gloria vista entre el pueblo. Su motivación no era hacerse un nombre para sí. Si otros lo identificaban, sería únicamente como el siervo del Señor. Su única preocupación era la vindicación y el honor de Dios.

La disposición humilde de Elías nos pone un reto que necesitamos enormemente. A menudo, nuestras oraciones no son efectivas, porque estamos más preocupados con nuestros propios deseos que con la gloria de Dios. Sin embargo, su alabanza debe ser el propósito supremo de nuestras oraciones. Su voluntad debe ser el anhelo de nuestro corazón. Al igual que nuestro Salvador, deberíamos acercarnos a nuestro Padre celestial con palabras de sumisión y humildad: "No sea como yo quiero, sino como tú" (Mateo 26:39). Cuando lo hacemos, podemos repetir las palabras del salmista: "No a nosotros, oh Jehová, no a nosotros, sino a tu nombre da gloria" (Salmos 115:1).

4. Los hombres de oración oran con audacia

Las palabras de Elías en el monte Carmelo resuenan con pasión y confianza: "Respóndeme, Jehová, respóndeme" (1 Reyes 18:37). ¿Cuándo fue la última vez que oraste de esta manera? Elías se acercó a Dios con audacia y tenacidad. Él esperaba que Dios respondiera sus oraciones, no por presunción, sino porque tenía una fe genuina.

Elías se acercó a Dios con valentía por diversas razones. Primero, porque conocía la Palabra de Dios y había alineado sus oraciones con ella. Segundo, porque oraba para la gloria de Dios. La única preocupación de Elías era que la reputación de Dios fuera vindicada. Tercero, Elías esperaba una respuesta notable porque conocía a Aquel a quien oraba: el Creador todopoderoso. La naturaleza de nuestras oraciones está directamente relacionada con nuestro entendimiento de quién es Dios. Cuarto, en términos sencillos, Elías estuvo dispuesto a pedir. Santiago 4:2 afirma: "No tenéis lo que deseáis, porque no pedís". La sencillez de este enunciado debe hacernos reflexionar. A menudo, no disfrutamos de la bendición de una oración respondida sencillamente porque no oramos para empezar. Las palabras de Jesús a sus discípulos deben alentarnos y desafiarnos con respecto a la audacia de nuestras oraciones: "Si algo pidiereis en mi nombre, yo lo haré" (Juan 14:14). ¡Vaya promesa! Las oraciones que van conforme a su voluntad y que son para su gloria ciertamente hallarán respuesta.

Los que recuerdan la Palabra de Dios, conocen su carácter y buscan su gloria inevitablemente orarán con fe y confianza. Al igual que Elías, confían en la infinita sabiduría de Dios, esperan en su poder eterno y descansan en su amor paternal. Sin importar sus circunstancias, oran con fervor, frecuencia, humildad y audacia, porque saben que su Señor soberano tiene todo bajo control. Él es el Dios vivo y, a diferencia de Baal, Él sí escucha las oraciones de sus hijos. ¡Qué consuelo para los que andamos con Él!

Al reflexionar sobre la vida de oración de Elías, dejemos atrás las aguas poco profundas de la duda y la inconsistencia y, en cambio, nademos con valentía en las profundidades de la fe confiada y el compañerismo gozoso con Dios.

PREGUNTAS DE REFLEXIÓN PERSONAL

1. ¿Qué fue lo más interesante que aprendiste sobre la vida de Elías en este capítulo?
2. Según este capítulo, ¿qué motivó la vida de oración de Elías?
3. ¿Cuál es el mayor estorbo para tu vida de oración? ¿Qué harás para superar esta dificultad?
4. ¿Tus oraciones son caracterizadas por ser francas, frecuentes, humildes y valientes? ¿Por qué sí o por qué no?
5. ¿Cuál es la importancia de que Santiago haya descrito a Elías como un hombre como nosotros? ¿De qué forma nos alienta esta verdad?
6. Lee los "Pasajes bíblicos para profundizar más". Al hacerlo, menciona de qué forma cada pasaje afirma, aclara o aplica las verdades que has aprendido en la lectura de este capítulo. ¿Algún otro versículo te viene a la mente?

PASAJES BÍBLICOS PARA PROFUNDIZAR MÁS

Proverbios 15:8, 29; Mateo 7:7-11; Efesios 6:18; Filipenses 4:6-7; 1 Tesalonicenses 5:16-18; 1 Timoteo 2:1, 8; Santiago 1:5-6; Santiago 5:16-18; 1 Juan 5:14-15.

5

El hombre verdadero disfruta de la adoración

Lecciones de los salmistas de Israel

JOHN MARTIN

"No me gustaba la alabanza", me dijo un hombre cuando le pregunté por qué se cambió de iglesia. "La predicación era bastante buena y las personas eran amables, pero el tiempo de adoración no era para mí".

¿Te suena familiar? Desafortunadamente, los términos *adoración* y *música* se han vuelto sinónimos en la iglesia contemporánea. Hay una guerra civil en torno al estilo de música que deben usar las iglesias, y tenemos la idea de que una decisión incorrecta, de alguna manera, limitará la capacidad de la congregación para adorar a Dios. El resultado es más y más iglesias divididas por causa de la "adoración".

Ahora bien, ¡a mí me encanta la música! Como músico, mi vida está llena de ella. Sin embargo, *adoración* es mucho más que *música*. La música en sí misma no produce adoración. No tiene ninguna propiedad espiritual inherente. En cambio, es una expresión de nuestra adoración. La música es una herramienta, un vehículo maravilloso que Dios nos ha dado para expresar nuestra alabanza.

Entonces, ¿qué es la adoración? Pablo nos dice en Romanos 12:1-2 que la adoración es un servicio espiritual a Dios. Es la respuesta de todo corazón de un alma cautivada por el asombro de las misericordias de Dios. Y, como lo veremos en los Salmos, mientras más lo conozcamos a Él, más grande será nuestra respuesta de adoración, sin importar si hay o no acompañamiento instrumental.

Por lo tanto, la adoración abarca toda la vida cuando *primero* nos presentamos a nosotros mismos por completo a Dios por medio de Cristo, día a día, momento a momento, y *luego* cantamos. O, como lo expresó David: "Pronto está mi corazón, oh Dios, mi corazón está dispuesto; cantaré, y trovaré salmos" (Salmos 57:7). El canto es resultado de un corazón que está plenamente enfocado en Dios.

CONOCE AL SALMISTA DE ISRAEL

El libro de los Salmos es una colección de alabanzas, oraciones y meditaciones escritas por un puñado de autores, incluyendo David, Asaf, Moisés, Etán y los hijos de Coré. Son ricas expresiones de adoración escritas a partir de experiencias personales y pruebas importantes. Podemos ver en los Salmos todo el espectro de las emociones humanas, desde las alegrías más intensas hasta los momentos más profundos de desesperación… a menudo en el mismo pasaje. Sin embargo, una cosa es constante y clara: Los escritores exhiben una adoración incansable fundamentada en el conocimiento de Dios.

Aunque el tema de la oración aparece en repetidas ocasiones en el libro de los Salmos, veremos cinco pasajes específicos y descubriremos en cada uno de ellos una característica de la adoración verdadera. Al hacerlo, aprenderemos que la adoración es mucho más que cantar los domingos; es un estilo de vida. A menudo, resulta en cánticos (Efesios 5:19-20), pero puede hallar expresión en cualquier ámbito de nuestra vida. Como Pablo dijo a los corintios: "Si, pues, coméis o bebéis, o hacéis otra cosa, hacedlo todo para la gloria de Dios" (1 Corintios 10:31). Los salmistas fueron varones reales que experimentaron triunfos y pruebas reales. En medio de todo esto, su respuesta de adoración constituye un ejemplo maravilloso para nosotros y un recordatorio convincente de que, sin importar nuestras circunstancias, los hombres verdaderos disfrutan de adorar a Dios.

1. La adoración verdadera anhela tener comunión con Dios (Salmo 84)

Para los salmistas, el templo en Jerusalén era el lugar más deseable de la tierra. Ningún lugar ni placer podía compararse con la bendición de estar en estos atrios sagrados. Allí, en el Lugar Santísimo, se manifestaba la presencia de Dios, la gloria *shejiná*. Y, aunque la tierra, "los cielos [y] los cielos de los cielos, no [lo] pueden contener" (1 Reyes 8:27), al Señor le plació, en un sentido, hacer del templo su morada. De manera que, para los israelitas, la adoración en el templo era considerada el punto más alto del gozo de la comunión con el Dios vivo.

El Salmo 84 nos ilustra a un hombre cuyo deseo consumidor era ser hallado en los atrios de Jehová. Sentía nostalgia por el lugar donde su "corazón y [su] carne cantan al Dios vivo" (v. 2). Sin embargo, por alguna razón, se encontraba separado del templo. Tal vez estaba de viaje o enfermo. Sea cual fuere el caso, fue una separación dolorosa.

De manera que, incapaz de contener sus afectos, el escritor estalla con palabras de anhelo intenso: "¡Cuán amables son tus moradas, oh Jehová de los ejércitos! Anhela mi alma y aun ardientemente desea los atrios de Jehová" (v. 1). El templo era un edificio hermoso, pero el escritor no está elogiando su arquitectura ni su decoración. No; está pensando más bien en el maravilloso compañerismo que disfrutaba con el Señor en la casa donde Él moraba. Este era el lugar donde *anhelaba y aun ardientemente deseaba* estar.

Este profundo anhelo visceral era tan intenso que consumía todo su ser: su alma, su corazón y su carne (v. 2). Hasta envidaba a las aves que anidaban cerca del templo (v. 3). Y, si las aves eran privilegiadas, cuánto más los sacerdotes que ministraban en la casa de Dios y lo alababan "perpetuamente" (v. 4). Con cada latido de su corazón, el salmista anhelaba adorar allí. Ya que había experimentado la belleza trascendente de la presencia de Dios, el salmista estaba tan consumido por ella que anhelaba profundamente más. No podía esperar para regresar al templo. Había visto todo lo que el pecado podía ofrecer y su conclusión fue que nada se comparaba con el gozo pleno de la comunión con Dios. De manera que su himno resonaba con estas palabras: "Mejor es un día en tus atrios que mil fuera de ellos. Escogería antes estar a la puerta de la casa de mi Dios, que habitar en las moradas de maldad. Porque sol y escudo es Jehová Dios; gracia y gloria dará Jehová. No quitará el bien a los que andan en integridad" (vv. 10-11).

En estos dos versículos, el salmista nos enseña una lección importante; es decir, que el verdadero compañerismo con Dios es inconmensurablemente grande y más satisfactorio que cualquier placer pecaminoso. El pecado promete satisfacción, pero solo Dios puede otorgarla. De hecho, mientras más conocemos y adoramos a Dios, más satisfechos estamos en Él. Y, cuando estamos satisfechos en Él, Él es glorificado y adorado. Jonathan Edwards lo explicó así: "La felicidad de la criatura consiste en regocijarse en Dios, mediante lo cual Él también es magnificado y exaltado".[1] John Piper lo ha expresado de esta forma: "Dios es más glorificado en nosotros cuando nos satisfacemos más en Él".[2]

2. La adoración verdadera busca satisfacción en el Señor (Salmo 63)

El Salmo 63 evoca el tema de que la satisfacción verdadera se encuentra solo en Dios. En un momento de gran honestidad, el

---

[1]. Jonathan Edwards, "Ethical Writings", en *The Works of Jonathan Edwards Series*, vol. 8, ed. gen. Paul Ramsey (New Haven, CT: Yale University Press, 1989), 442.

[2]. John Piper, *La pasión de Dios por su gloria* (Graham, NC: Publicaciones Faro de Gracia, 2017), s.p.

escritor (David) reconoce su dependencia completa de Dios. Aunque estaba siendo perseguido por Saúl y se había visto forzado a esconderse en el desierto (1 Samuel 22), David sabía que podía encontrar refugio en el Señor (Salmos 63:9-11). Sin embargo, su preocupación principal no eran sus circunstancias inmediatas, sino más bien, al igual que el escritor del Salmo 84, David estaba inquieto por estar separado del lugar de la morada de Dios (v. 2). David comienza con un clamor: "Dios, Dios mío eres tú; de madrugada te buscaré; mi alma tiene sed de ti, mi carne te anhela, en tierra seca y árida donde no hay aguas" (v. 1). Sus palabras están llenas de adoración y expresan el anhelo de todo su ser: *alma* y *carne*. David no estaba describiendo sus alrededores literales, aunque estaba escondido en el desierto. En cambio, estaba describiendo su sed espiritual: un anhelo que sabía que solo Dios podía satisfacer.

Continúa con palabras de alabanza: "Porque mejor es tu misericordia que la vida; mis labios te alabarán. Así te bendeciré en mi vida; en tu nombre alzaré mis manos" (vv. 3-4). En unas cortas frases, David nos enseña mucho sobre la adoración. ¿Por qué deben nuestros labios alabar a Dios? ¿Por qué debemos adorarlo en nuestra vida? No es por nuestras circunstancias, sino más bien porque Él merece ser adorado, sin importar cuáles sean nuestras circunstancias. Después de todo, ¡su misericordia es mejor que la vida misma! Incluso en nuestras pruebas más oscuras, Dios sigue siendo digno de nuestra alabanza. Él es nuestra esperanza, nuestro refugio y nuestra satisfacción. Martín Lutero lo dijo de esta manera: "Que [el mundo] confíe y se gloríe en su sabiduría, en su poder, en sus riquezas y en sus corazones; mi corazón se gloría en el Dios vivo".[3]

Escudriña tu corazón. ¿Cuál es su anhelo? ¿Cuál es tu actitud hacia la adoración? ¿Tu visión de Dios es tan grande y satisfactoria

---

3. Martin Luther, *A Manual of the Book of Psalms*, trad. Henry Cole (Londres: Seeley and Burnside, 1837), 220.

que no puedes evitar irrumpir en agradecimiento y alabanza? Si no anhelamos adorar a Dios, inevitablemente será porque algo que no es Dios se ha engrandecido a nuestros ojos. Salmos 16:11 dice de Dios: "En tu presencia hay plenitud de gozo; delicias a tu diestra para siempre". Cuando no nos deleitamos por completo en Él, nos perdemos la *plenitud de gozo*. Encuentra tu satisfacción solo en Dios. Búscalo con todo tu corazón. Entonces, Él será glorificado y tú podrás cantar junto con el salmista: "Dios, Dios mío eres tú [...]. Será saciada mi alma" (Salmos 63:1, 5).

3. La adoración verdadera persevera en tiempos difíciles (Salmo 27)

El libro de los Salmos está repleto de ejemplos de varones reales que adoraron en medio de circunstancias difíciles. Podemos identificarnos con ellos. Al igual que nosotros, tenían miedos, necesidades, dificultades y debilidades. Sin embargo, nunca dejaron de mirar Dios en esperanza y alabanza. Incluso frente a la incertidumbre, adoraron al Señor sin vacilar.

El Salmo 27 es el relato personal de David al enfrentar otra prueba más. En este pasaje emotivo, encontramos una respuesta ejemplar a la incertidumbre extrema. Sin embargo, el propósito de este salmo no es llamar la atención hacia David, sino más bien hacia Dios, porque nos enseña cómo adorar incluso en medio de la tribulación.

David estaba huyendo. Sus enemigos eran hombres "malignos" que lo querían ver muerto. Los describe como animales salvajes, ansiosos por devorar su carne (v. 2) y por darle un fin violento (v. 12). Ahora bien, ¿cómo respondió David a este peligro inminente? ¿Cuestionó a Dios? No, sino todo lo contrario: ¡lo adoró! Con palabras de alabanza, entonó: "Jehová es mi luz y mi salvación; ¿de quién temeré? Jehová es la fortaleza de mi vida" (v. 1). Su fe en Dios le permitía preguntar: "¿De quién he de atemorizarme?".

Después de todo, exclamó, "aunque un ejército acampe contra mí, no temerá mi corazón" (v. 3). David no temía las circunstancias inciertas de la vida, porque su esperanza estaba cimentada en el carácter invariable de Dios. Él sabía que no podía poner su fe en ningún otro lugar. Esto fue lo que escribió: "Hubiera yo desmayado, si no creyese que veré la bondad de Jehová" (v. 13). Este espíritu de seguridad y gozo lo movió a decir: "Entonaré alabanzas" (v. 6). Solo el Señor era su "luz y [su] salvación" (v. 1).

En los versículos 7-12, vemos que la confianza de David en Dios resultó en una súplica humilde, en la que derramó su corazón ante el Señor. No se retuvo nada, sino que le rogó a Dios: "Oye, oh Jehová, mi voz con que a ti clamo; ten misericordia de mí, y respóndeme" (v. 7). En el versículo 13, terminó sus peticiones con la misma certeza serena que las precedió: "Veré la bondad de Jehová en la tierra de los vivientes". David confiaba en que, antes de morir, vería la bondad del Señor en medio de su prueba. Y, en un momento de predicar a sí mismo, nos dio esta exhortación final: "Aguarda a Jehová; esfuérzate, y aliéntese tu corazón; sí, espera a Jehová (v. 14).

Las preguntas que surgen de los ejemplos de David son tan penetrantes como prácticas. ¿De qué forma respondes a las cargas y pruebas de la vida? ¿Confías en la bondad de Dios? ¿Estás adorando? Como varones, tendemos a responder a las dificultades con una actitud de autosuficiencia, pero esto nunca sale bien. Incluso nuestros mejores esfuerzos terminarán en fracaso y frustración. La respuesta correcta es volver al Señor. No es necesario decir sencillamente: "esfuérzate, y aliéntese tu corazón" (v. 14). Esta es una exhortación inútil sin el resto del versículo: "Aguarda a Jehová [...] sí, espera a Jehová".

Los hombres verdaderos disfrutan de la adoración incluso en medio de las pruebas. O mejor dicho: los hombres verdaderos disfrutan de la adoración *especialmente* en medio de las pruebas. No tenemos que soportar las dificultades en nuestras propias fuerzas. En cambio, Dios nos invita a exponer nuestro corazón ante Él, a reconocer nuestra insuficiencia y a confiar en su bondad. Su sabiduría es infinita; su fuerza es perfecta; y su amor por sus hijos es inquebrantable. Cuando lo consideramos nuestra Roca y nuestro Refugio, lo adoramos y le damos gloria.

4. La adoración verdadera se deleita en el perdón de Dios (Salmo 32)

No podemos hablar de adoración de todo corazón sin mencionar la confesión, el arrepentimiento y la limpieza del pecado. Después de todo, solo aquel cuyo pecado ha sido completamente tratado puede disfrutar de una comunión sin estorbos con Dios. En el Salmo 32, David nos enseña a adorar al deleitarnos en el perdón de nuestros pecados.

En el capítulo 7, estudiaremos a fondo el pecado de David con Betsabé, así que no lo trataremos aquí. Será suficiente decir que David fue culpable de adulterio, asesinato y un encubrimiento escandaloso (2 Samuel 11). Sin embargo, después de ser confrontado por el profeta Natán, confesó su pecado y se arrepintió. Cuando lo hizo, finalmente experimentó libertad de la culpa y del agobio que se había estado acumulando en su interior.

El Salmo 32 es la respuesta gozosa de David al ser perdonado por Dios y restaurado a la comunión con Él. Abrumado por la misericordia de Dios, David exclamó: "Bienaventurado aquel cuya transgresión ha sido perdonada, y cubierto su pecado" (v. 1). Una traducción dice así: "*Dichoso* aquel a quien se le perdonan sus transgresiones, a quien se le borran sus pecados" (NVI). Finalmente, David se había arrepentido. Su pecado había sido expuesto. ¡Dios había levantado su carga y el resultado fue dicha pura y vivificante! Aunque su pecado resultaría en consecuencias terribles tanto para sí mismo como para su familia, de todos modos, se sintió feliz. ¿Cómo fue esto posible?

David entendía la gravedad de su pecado delante de Dios y lo describió como "transgresión" (v. 1). Había violado la ley de Dios y conocía las implicaciones de esto. Había cometido ofensas capitales. La culpa de su pecado sin confesar le pesó tanto en el alma que lo debilitó físicamente (vv. 3-4). No podía comer y su cuerpo y sus huesos "se envejecieron".

Sin embargo, después de confesar su pecado, fue dichoso. ¿Por qué? De nuevo, la respuesta se encuentra en que el enfoque de David estaba en Dios y no en sí mismo. Su gozo estaba arraigado en el conocimiento, no de su pecado y de su vergüenza, sino más bien del carácter misericordioso de Dios. Él había perdonado y restaurado a David, y este entendió el significado de su perdón. Sus pecados habían sido cubiertos. Su carga había sido eliminada. Una vez más, podía experimentar el gozo y la satisfacción de la comunión con Dios. ¡No pudo hacer otra cosa más que responder con palabras de dicha total!

Como lo demuestra David en el Salmo 32, cuando confesamos nuestro pecado, adoramos a Dios. ¿Te deleitas en el perdón de Dios? ¿Tu corazón está satisfecho en Él? La realidad es que nunca conocerás la cercanía de Dios hasta que hayas lidiado con tu propio pecado. No puedes conocer la felicidad de que tus pecado sean cubiertos hasta que comiences a entender la gravedad de tu transgresión delante de Dios... ¡y que luego recuerdes quién eres gracias a Cristo! Humíllate a ti mismo, confiesa tu pecado y encuentra perdón. Entonces, Dios será glorificado. Él también se acercará a ti y tu corazón será lleno del gozo de la adoración.

5. La adoración verdadera se centra en la cruz (Salmo 22)

Las Escrituras enteras apuntan a Cristo y los Salmos no son la excepción. Para recordar quiénes somos en Cristo, debemos considerar la cruz. Para el creyente, la verdadera adoración de todo corazón comienza y termina allí. El Salmo 22 nos lleva cara a cara con el sufrimiento espiritual, emocional y físico de nuestro Salvador en la cruz. Charles Spurgeon dijo de este salmo: "Debemos leerlo de forma reverente, quitarnos el calzado, como lo hizo Moisés en la zarza ardiente, porque, si hay tierra santa en las Escrituras, es en este salmo".[4]

David, inspirado por el Espíritu Santo (Hechos 2:30), recibe una revelación profética de la cruz, siglos antes de la llegada del Mesías. Aunque puede que este salmo refleje algunas de las pruebas de David, es evidente que va más allá de su propia vida y circunstancias. Encuentra su significado completo solo en Jesucristo. El Nuevo Testamento nos confirma esto al citar el Salmo 22 en siete ocasiones, todas en referencia al Salvador.

En Mateo 27:46, Jesús mismo citó este salmo cuando exclamó desde la cruz: "Dios mío, Dios mío, ¿por qué me has desamparado?" (v. 1). Podemos ver expresiones de sufrimiento en muchos de los salmos, pero no más profundas que en este. Este salmo es diferente. Es un sufrimiento tan profundo que no podemos entenderlo del todo. Salmos 22:1-2 nos da un vistazo de la angustia que experimentó el Hijo de Dios cuando cargó nuestros pecados en la cruz y cuando su Padre volteó de Él el rostro. En ese momento, Dios, "al que no conoció pecado, por nosotros lo hizo pecado" (2 Corintios 5:21). Allí encontramos la gran doctrina de la sustitución. El Padre castigó al Hijo por nuestros pecados para vestirnos de la justicia de Cristo. En este Salmo 22, mil años antes de esta inimaginable transacción, podemos ver el corazón del evangelio.

Allí, incluso en medio del sufrimiento, hay alabanza. El salmo continúa de esta manera: "Pero tú eres santo, tú que

---

4. C. H. Spurgeon, *The Treasury of David* (Peabody, MA: Hendrickson Publishers, s.f.), 1:324.

habitas entre las alabanzas de Israel. En ti esperaron nuestros padres; esperaron, y tú los libraste. Clamaron a ti, y fueron librados; confiaron en ti, y no fueron avergonzados" (vv. 3-5). Incluso en los momentos de mayor sufrimiento, la confianza de Cristo en el Padre permaneció firme. No hubo dudas ni respuestas pecaminosas. Encontró seguridad en recordar y afirmar el carácter fiel del Padre.

En Salmos 22:6-11, David siguió describiendo el sufrimiento emocional de la cruz. "Mas yo soy gusano, y no hombre; oprobio de los hombres, y despreciado del pueblo" (v. 6). Vaya, ¡qué terrible! Por causa de nuestro pecado, el Hijo de Dios fue humillado tanto que pudo compararse con el ser más insignificante y humilde de la creación: *un gusano*. Él fue despreciado. Fue escarnecido. Fue rechazado. Sin embargo, en medio de todo, permaneció sin pecado.

David continúa describiendo el sufrimiento físico de Cristo. Salmos 22:12-21 nos lleva al pie de la cruz, donde Jesús murió por ti y por mí. Él fue débil. Sus vigor se agotó (vv. 14-15). El peso de su cuerpo colgaba de la carne desgarrada de sus manos y pies horadados (v. 16). Sus huesos se descoyuntaron lentamente (v. 14) a medida que las agonías insoportables de la crucifixión le pasaron factura. Fue golpeado. Fue molido. Y, aun así, permaneció sin pecado.

Esa era la muerte que tú y yo merecíamos. Por causa de nuestro pecado, debimos haber recibido esa humillación, sufrimiento y separación de Dios. Sin embargo, hay victoria en la cruz. ¡Jesús es nuestro sustituto! Gracias a lo que logró en su muerte y resurrección, nunca conoceremos la indescriptible desesperación de estar separados de Dios. Ese es el evangelio en todo su misterio glorioso. Cristo padeció lo que Él no merecía para que nosotros pudiéramos disfrutar lo que nosotros no merecemos. Charles

Wesley lo dijo de esta manera: "¿Hay maravilla cual su amor? ¡Morir por mí con tal dolor!".[5] Los versículos 22-31 describen lo que se logró en la cruz. Los pecadores fueron perdonados y pueden ahora disfrutar de una comunión eterna con Dios. David lo explicó de esta forma: "Alabarán a Jehová los que le buscan; vivirá vuestro corazón para siempre" (v. 26). El salmo incluso anticipa a la iglesia, ya que los adoradores provienen de Israel (v. 23), pero también de los confines de la tierra (v. 27). Los que han sido comprados con su sangre contarán, de generación a generación, todo lo que Él ha logrado (vv. 30-31).

Todo lo que el salmista nos ha enseñado en nuestro estudio sobre la adoración verdadera es expuesto de forma completa, perfecta y sin pecado en Jesucristo. El sufrimiento más profundo que nuestro Salvador soportó no fue el tremendo dolor físico ni emocional de la cruz; más bien, fue la separación de la comunión con su Padre. Y, aun así, incluso en la cruz, Jesús permaneció confiado en el carácter y en la fidelidad de su Padre. Él encontró satisfacción solo en Dios y se deleitó en el perdón de nuestro pecado: su sangre inocente fue derramada precisamente con este propósito (Mateo 26:28).

UN LLAMADO A LA ADORACIÓN DE TODO CORAZÓN

Los hombres piadosos disfrutan de la adoración. En tu corazón, comprométete a seguir el ejemplo del salmista. Humíllate, reconoce tu necesidad de Dios y confiesa tu pecado. Reflexiona en su carácter y recuerda su fidelidad. Atesora su Palabra y deléitate en ella. Gloríate en el evangelio de Jesucristo y satura tu alma de las verdades excelentes de nuestro Señor soberano.

---

5. Charles Wesley, "¡Cómo en su sangre pudo haber!", trad. M. San León.

Encuentra tu satisfacción en Él; busca ser consumido por el conocimiento de Dios en Cristo y, con música o sin música, ¡tu vida se desbordará en alabanza, acción de gracias y adoración de todo corazón!

PREGUNTAS DE REFLEXIÓN PERSONAL

1. El libro de los Salmos fue escrito por muchos autores diferentes. Es uno de los libros más queridos de la Biblia. ¿Cuál es tu salmo favorito? ¿Por qué?
2. ¿Cuáles son las características de la verdadera adoración?
3. ¿Cuál es la diferencia entre la adoración y la música? ¿Por qué crees que a menudo se las confunde?
4. ¿Cómo calificarías tu adoración? ¿Qué puedes hacer para comenzar a adorar a Dios de la manera que Él planeó que lo hicieras?
5. ¿Por qué la cruz debe ser un aspecto fundamental de la vida de adoración? ¿Qué nos indica Apocalipsis 4–5 sobre nuestro futuro como adoradores?
6. Lee los "Pasajes bíblicos para profundizar más". Al hacerlo, menciona de qué forma cada pasaje afirma, aclara o aplica las verdades que has aprendido en la lectura de este capítulo. ¿Algún otro versículo te viene a la mente?

PASAJES BÍBLICOS PARA PROFUNDIZAR MÁS

Éxodo 20:3-6; Salmos 2:11-12; Salmos 29:1-4; Salmos 95:6-7; Romanos 12:1-2; Efesios 5:18-20; Hebreos 13:15-16; Apocalipsis 4:8-11; Apocalipsis 5:11-14.

6

El hombre verdadero huye de la tentación

Lecciones de la vida de Timoteo

Andrew Gutierrez

¿El hombre verdadero hace *qué*?

Como niño que creció viendo y practicando deportes en el norte de California, puedo recordar con mucha claridad el eslogan que los Malosos de Oakland utilizaron alguna vez para alentar la participación de sus fanáticos: "Los hombres verdaderos se visten de negro". Ciertamente, esta era una frase promocional pegajosa para un equipo profesional de fútbol americano. Sin embargo, más que eso, la idea era trasmitirles a los hombres que, para ser realmente masculinos, debían usar ropa de un color específico que no fuera claro ni tenue. El negro es para hombres. El negro es intimidante. El negro anuncia: "Soy peligroso; ten cuidado". El eslogan apareció en todas partes y, aún hasta hoy, la imagen que transmiten los Malosos es que son peligrosos, orgullosos y un poco rebeldes.

Normalmente, un simple eslogan no es causa de alarma. Sin embargo, lo preocupante es que representa una mentalidad cultural generalizada. En nuestro mundo, la masculinidad a menudo se define en términos de fuerza bruta, de independencia osada, de riquezas materiales, de poder despiadado o de atractivo romántico. Sin embargo, la Biblia tiene una perspectiva muy diferente respecto a lo que significa ser un hombre de verdad. Pablo, al instruir a los varones de Corinto sobre la verdadera masculinidad, escribió: "Velad, estad firmes en la fe; portaos varonilmente, y esforzaos" (1 Corintios 16:13). La verdadera masculinidad no idolatra los deportes, el dinero, el estatus ni los placeres pasajeros de este mundo. Los apetitos de la carne son naturales para los pecadores, y cualquier chico autoindulgente puede consumirse a sí mismo con sus propios deseos. No obstante, el hombre verdadero hace lo más difícil. Es un luchador, aunque no en el sentido del eslogan de los Malosos. En cambio, lucha por la gloria de su Salvador, por su propia santificación y por el bien espiritual de los que están a su alrededor.

Una de las maneras principales de hacer esto es huir de la tentación. Sí; así es. El hombre verdadero huye. Si el pecado es el gran enemigo del creyente, entonces el hombre de Dios debe ser como un soldado adiestrado que mata el pecado que permanece en su vida. El puritano John Owen lo expresó de la mejor manera: "Mata el pecado o este te matará a ti".[1] El hombre verdadero no solo huye del pecado, sino también de la tentación que precede al pecado. Para un ejemplo excelente de este principio, no es necesario ir más allá de las páginas del Nuevo Testamento.

UN JOVEN LLAMADO TIMOTEO

Timoteo había crecido en una familia piadosa: su madre y su abuela le habían enseñado las Escrituras con fidelidad. La primera vez que se nos presenta a Timoteo es en el libro de los

---

1. John Owen, "Of the Mortification of Sin in Believers", en *Overcoming Sin and Temptation*, eds. Kelly Kapic y Justin Taylor (Wheaton, IL: Crossway, 2006), 50.

Hechos. Allí, se nos dice que Pablo "llegó a Derbe y a Listra; y he aquí, había allí cierto discípulo llamado Timoteo, hijo de una mujer judía creyente, pero de padre griego; y daban buen testimonio de él los hermanos que estaban en Listra y en Iconio" (Hechos 16:1-2). Rápidamente, este joven se convirtió en uno de los compañeros más queridos de Pablo y en uno de sus colaboradores de mayor confianza. Ya tenía una buena reputación en su ciudad natal, pero Dios tenía planes aún mayores para Timoteo: lo llamó a ser uno de los principales obreros en la proclamación del mensaje del evangelio en todo el mundo gentil.

No obstante, la vida cristiana no siempre fue fácil para Timoteo, incluso después de volverse pastor en Éfeso. En las cartas de Pablo a este joven, descubrimos que estaba en medio de una batalla espiritual diaria, en una lucha constante por pastorear su propia alma y el alma de los que estaban bajo su cuidado. El apóstol exhortó a este joven discípulo a sufrir por Cristo, a salvaguardar la verdad y a manejar con diligencia las Escrituras. Aunque el joven Timoteo era maduro, más de lo que sus años podrían indicarnos, como cristiano sabía lo que significaba estar en una guerra constante contra el pecado y la tentación.

EL EJEMPLO DE TIMOTEO
DE RESISTENCIA ANTE LA TENTACIÓN

En este capítulo, con Timoteo como ejemplo, examinaremos cuatro elementos clave para resistir la tentación de una manera que honre al Señor.

1. Pide ayuda a Dios

¿Alguna vez has sentido que es imposible ganar en tu batalla contra el pecado? Tal vez has pensado: *Me gustaría huir de la tentación, pero a veces sencillamente me parece que no puedo hacerlo*. Si te ha pasado, no estás solo. El apóstol Pablo dijo prácticamente lo mismo en Romanos 7. Él escribió: "El querer está presente en mí, pero el hacer el bien, no. Pues no hago el bien que deseo, sino que el mal que no quiero, eso practico" (vv. 18-19, NBLA). Incluso Pablo entendía la lucha diaria entre su espíritu y su carne. Sin embargo, las palabras del apóstol no terminan en desesperación. Al final, busca ayuda de Dios y encuentra la victoria definitiva. Triunfante, afirma: "¿Quién me librará de este cuerpo de muerte? Gracias doy a Dios, por Jesucristo Señor nuestro [...]. Ahora, pues, ninguna condenación hay para los que están en Cristo Jesús, los que no andan conforme a la carne, sino conforme al Espíritu. Porque la ley del Espíritu de vida en Cristo Jesús me ha librado de la ley del pecado y de la muerte" (Romanos 7:24–8:2).

Los discípulos experimentaron una lucha similar: su mente les decía una cosa, pero su carne quería otra. La noche en que Jesús fue traicionado, en el huerto de Getsemaní, Él pidió a sus discípulos que oraran por Él mientras se preparaba para la cruz. Ellos lo amaban profundamente y habrían hecho cualquier cosa a su alcance para defenderlo. Sin embargo, en ese momento, ni siquiera pudieron mantener sus ojos abiertos el tiempo suficiente para montar una guardia. ¿Cuál fue la respuesta de Jesús? "Velad y orad, para que no entréis en tentación; el espíritu a la verdad está dispuesto, pero la carne es débil" (Mateo 26:41). Jesús reconocía la fragilidad de la condición humana y, por eso, mandó a sus discípulos (y, por extensión, a todos los creyentes) que dependieran en oración de la fuerza de Dios para obtener la victoria sobre la tentación.

En Hebreos 4, encontramos algunas de las palabras más alentadoras en las Escrituras para aquellos que huyen de la tentación. En referencia a Cristo, el autor de Hebreos explicó: "No tenemos un sumo sacerdote que no pueda compadecerse de nuestras debilidades, sino uno que fue tentado en todo según nuestra semejanza, pero sin pecado" (v. 15). ¡Cuán reconfortante es saber que Cristo mismo entiende lo que es soportar la tentación y tener victoria sobre ella! Como era plenamente Dios, no podía pecar. Sin embargo, como era plenamente humano, sintió todo el peso de la tentación sobre Él. Cuando Satanás lo tentó en el desierto, Jesús había estado sin comer durante cuarenta días. Estaba hambriento y físicamente débil. Sin embargo, aun en esta condición mermada, prevaleció sobre las promesas falsas del diablo. Su victoria sobre la tentación continuaría hasta la cruz, donde finalmente vencería al pecado para siempre.

Ya que ha soportado las tentaciones más fuertes imaginables, Jesús es empático hacia las formas en que somos débiles en el momento de la prueba. Nuestra respuesta correcta, al enfrentar la tentación, es acudir a Él en busca de ayuda. El autor de Hebreos llegó precisamente a esta conclusión: "Acerquémonos, pues, confiadamente al trono de la gracia, para alcanzar misericordia y hallar gracia para el oportuno socorro" (v. 16). Si queremos encontrar victoria sobre la tentación, debemos depender de la fuerza y la gracia de Dios.

Timoteo entendió la necesidad de pedir ayuda a Dios en la lucha contra la tentación. Como compañero de Pablo, había visto a su mentor arrodillarse en oración muchas veces. En una ocasión, Pablo pidió oración a los efesios por si acaso era tentado por la cobardía (Efesios 6:19-20). También Timoteo era susceptible al pecado de la cobardía (2 Timoteo 1:7-8). De manera que Pablo le instruyó orar, en particular por quienes pudiera sentirse tentado a temer, como los oficiales del gobierno (1 Timoteo 2:1-8). A medida que la persecución se agolpaba sobre la iglesia, seguramente Timoteo recordó las palabras de Pablo en Filipenses 4:6: "Por nada estéis afanosos, sino sean conocidas vuestras peticiones delante de Dios en toda oración y ruego, con acción de gracias". Como había sido bien enseñado por su mentor, Timoteo sabía que la única manera correcta de responder al temor era orar.

Incluso al final de su vida, cuando todos lo habían abandonado, el apóstol siguió animando a Timoteo con esta verdad: "El Señor me librará de toda obra mala, y me preservará" (2 Timoteo 4:17). El mensaje para Timoteo era claro: Sin importar qué dificultades enfrentara, podía confiar en Cristo. La lección probó ser invaluable para el joven pastor. Cuando Timoteo fue más tarde enviado a la cárcel, resistió sus temores y permaneció fiel al Señor (cp. Hebreos 13:23).

2. Recuerda el evangelio

Pablo, en sus cartas a Timoteo, recordó en repetidas ocasiones la verdad del evangelio a su joven discípulo. Lo instó a recordar "que Cristo Jesús vino al mundo para salvar a los pecadores, de los cuales yo soy el primero" (1 Timoteo 1:15); que Él "se dio a sí mismo en rescate por todos" (2:6); y que Él "dio testimonio de la buena profesión delante de Poncio Pilato" (6:13). También lo alentó: "Participa de las aflicciones por el evangelio según el poder de Dios, quien nos salvó y llamó con llamamiento santo, no conforme a nuestras obras, sino según el propósito suyo y la gracia que nos fue dada en Cristo Jesús antes de los tiempos de los siglos" (2 Timoteo 1:8-9). Pablo nunca olvidó que era un pecador salvo por gracia (cp. 1 Timoteo 1:15) y esa realidad lo motivó a ser fiel (cp. Efesios 3:8).

También debería motivarnos a nosotros. Dios envió a su Hijo del cielo a la tierra para salvar a aquellos que se habían rebelado contra Él. No solo nos ha rescatado del pecado, sino que nos llama también sus hijos. No solo eso, sino que también nos da recompensas eternas. Este trato espléndido es solo una probada de la abundancia con la que Dios ha derramado bendiciones inmerecidas sobre el creyente.

Sin embargo, cuando cedemos ante la tentación, actuamos como si los placeres pasajeros del pecado fueran más deseables que las riquezas infinitas que Dios nos ha dado por medio de Jesucristo. En ese momento, actuamos como ateos prácticos, como si Dios no existiera o como si el evangelio no importara. Alguien dijo en alguna ocasión que "aquí, Satanás no nos llena con odio hacia Dios, sino más bien con negligencia hacia Dios". Muy a menudo, esto es así.

Leer la Palabra, entonar cánticos de alabanza, memorizar versículos y hablar a otros del evangelio son maneras prácticas de guardar la mente contra la tentación. Recordar de forma repetida la muerte y la resurrección de Cristo, así como la maravilla de su sacrificio sustitutivo, son antídotos efectivos contra el pecado. De la misma manera, los que se olvidan del evangelio o lo tratan a la ligera descubrirán que la victoria sobre la tentación es prácticamente imposible.

Por eso, Pablo enfatizó el evangelio en sus cartas a Timoteo. También advirtió a su joven discípulo respecto a los que habían rechazado la verdad. Hubo algunos que "desviándose […] se apartaron a vana palabrería" (1 Timoteo 1:6). Otros habían desechado el evangelio y "naufragaron en cuanto a la fe" (v. 19). Con miras al futuro, Pablo le advirtió que "en los postreros tiempos algunos apostatarán de la fe, escuchando a espíritus engañadores y a doctrinas de demonios; por la hipocresía de mentirosos que, teniendo cauterizada la conciencia" (4:1-2).

Más adelante, Pablo le dijo explícitamente a Timoteo: "Si alguno enseña otra cosa, y no se conforma a las sanas palabras de nuestro Señor Jesucristo, y a la doctrina que es conforme a la piedad, está envanecido, nada sabe" (6:3-4). Estos falsos maestros "resisten a la verdad [y son] hombres corruptos de entendimiento, réprobos en cuanto a la fe" (2 Timoteo 3:8). Pronto, serían juzgados por Dios (v. 9). Sin embargo, por su parte, Timoteo debía "[guardar] lo que se [le había] encomendado" (1 Timoteo 6:20) y "[acordarse] de Jesucristo, del linaje de David, resucitado de los muertos conforme [al verdadero] evangelio" (2 Timoteo 2:8). Si quería evitar la tentación, en especial el pecado de la apostasía, le era indispensable recordar el evangelio de la gracia.

3. Corre con los piadosos

Imagina comenzar a mirar un juego de fútbol americano y escuchar que el corredor estrella dice, durante la entrevista previa, que preferiría que sus linieros se quedaran en el banquillo. Que está confiado en que no necesita su ayuda. En cambio, quiere hacer él solo todas las jugadas contra el equipo rival. Dice que solo necesita que alguien le centre el balón.

Evidentemente, este tipo de razonamiento sería ridículo. Sin bloqueadores, el arrogante corredor terminaría aniquilado. Sin embargo, ¿con cuánta frecuencia actuamos de manera similar en nuestra batalla contra el pecado? Sabemos que la Biblia nos ordena: "Huye también de las pasiones juveniles" (2 Timoteo 2:22), pero también necesitamos recordar que ese mandamiento incluye algo más. Pablo dijo a Timoteo: "Huye también de las pasiones juveniles, y *sigue la justicia, la fe, el amor y la paz, con los que de corazón limpio invocan al Señor*". La batalla contra la tentación es mucho más que huir del pecado. Como lo explicó Pablo a Timoteo, incluye correr *hacia* el fruto del espíritu ("la justicia, la fe, el amor y la paz"). También implica correr *junto* con otros cristianos maduros ("con los que de corazón limpio invocan al Señor").

En el fútbol americano, el corredor no solo huye de los defensores que intentan derribarlo, sino que también corre hacia una meta: la marca de primera y diez y, en última instancia, la zona de anotación. Esto tiene el objetivo de anotar puntos y alcanzar la victoria. De manera similar, los cristianos debemos buscar la justicia, la fe, el amor y la paz a medida que huimos el pecado. Matthew Henry, el pastor puritano, lo expresó de esta manera:

> El ejercicio de nuestras gracias representará la extinción de nuestras corrupciones; mientras más sigamos lo bueno, más rápido y más lejos huiremos de lo malo. La justicia, la fe y el amor serán antídotos excelentes contra las pasiones juveniles. El amor sagrado curará la lujuria impura.[2]

En lugar de enfocarnos únicamente en lo que debemos evitar, somos llamados a buscar el tipo de carácter que anhelamos, un carácter que vaya en contra de las pasiones juveniles (y que corresponda al fruto del Espíritu). Esto requiere esfuerzo personal, como se lo dijo Pablo a Timoteo en 1 Timoteo 4:7: "Ejercítate para la piedad". Sin embargo, también requiere el apoyo mutuo de otros creyentes. Al juntarse con "los que de corazón limpio invocan al Señor", los creyentes pueden encontrar el aliento y la rendición de cuentas que necesitan para mantener a raya la tentación.

Por otra parte, Pablo advirtió a Timoteo de guardarse de las influencias espirituales dañinas: personas que lo tentarían a pecar. El apóstol describió a estos imanes de inmoralidad con las siguientes palabras: "Porque habrá hombres amadores de sí mismos, avaros, vanagloriosos, soberbios, blasfemos, desobedientes a los padres, ingratos, impíos, sin afecto natural, implacables, calumniadores, intemperantes, crueles, aborrecedores de lo bueno, traidores, impetuosos, infatuados, amadores de los deleites más que de Dios, que tendrán apariencia de piedad, pero negarán la eficacia de ella" (2 Timoteo 3:2-5). Observa de qué manera Pablo

---

2. Matthew Henry, *The Matthew Henry Commentary*, ed. Leslie F. Church, PhD (Grand Rapids: Zondervan, 1961), 1896.

instruye a Timoteo a responder a este tipo de personas: "A estos evita" (2 Timoteo 3:5).

Este es un mandato que debemos obedecer si tomamos en serio nuestra capacidad para huir de la tentación. Como anuncia el dicho: las malas compañías corrompen las buenas costumbres. Debemos rodearnos de personas que vivan de forma justa. Si corremos con ellos la carrera, seremos motivados a crecer en santidad.

4. Resiste la tentación

La última manera en que debemos combatir la tentación es sencillamente resistirla. Debemos huir de ella y escapar. Timoteo conocía la importancia de huir. Pablo lo exhortó a escapar de la tentación en las dos cartas que le escribió. Ya hemos visto lo que dice 2 Timoteo 2:22 sobre huir de las pasiones juveniles y podemos encontrar una exhortación similar en 1 Timoteo 6:11. Después de advertir sobre los peligros de amar el dinero, Pablo escribió: "Mas tú, oh hombre de Dios, huye de estas cosas, y sigue la justicia, la piedad, la fe, el amor, la paciencia, la mansedumbre". Luego, en el siguiente versículo, lo exhortó de esta manera: "Pelea la buena batalla de la fe, echa mano de la vida eterna, a la cual asimismo fuiste llamado, habiendo hecho la buena profesión delante de muchos testigos" (v. 12).

Cuando llegara la tentación, Timoteo debía *huir* del pecado y *pelear* por la fidelidad. Como pastor, debía instruir a otros creyentes a hacer lo mismo. Unos años antes, cuando Pablo envió a Timoteo a ayudar a la iglesia en Corinto, el apóstol les escribió a los creyentes en esta ciudad: "Por esto mismo os he enviado a Timoteo, que es mi hijo amado y fiel en el Señor, el cual os recordará mi proceder en Cristo, de la manera que enseño en todas partes y en todas las iglesias" (1 Corintios 4:17). Una de las cosas que Pablo enseñó a los corintios, que Timoteo seguramente les recordó, era la instrucción de pelear contra el pecado sexual. En su primera epístola, Pablo les escribió: "Huid de la fornicación. Cualquier otro pecado que el hombre cometa, está fuera del cuerpo; mas el que fornica, contra su propio cuerpo peca" (1 Corintios 6:18). La respuesta a la tentación sexual, al igual que a cualquier otro pecado, comienza con huir de él tan lejos como nos sea posible.

En este punto, alguno podría protestar: "He intentado huir, pero ¡es demasiado difícil!".. Ahora bien, ¿qué respondería Pablo ante esto? Él dijo a los corintios: "No os ha sobrevenido ninguna tentación que no sea humana; pero fiel es Dios, que no os dejará ser tentados más de lo que podéis resistir, sino que dará también juntamente con la tentación la salida, para que podáis soportar" (1 Corintios 10:13). Ninguna tentación es más grande que el poder de Dios, y Él ha prometido a quienes descansan en su fuerza que ninguna tentación es irresistible. Cuando dejamos de poner excusas y comenzamos a caminar en obediencia llena de fe, tenemos la victoria asegurada en Cristo.

UNA CORONA PARA EL VENCEDOR

En el siglo I d.C., se premiaba con coronas a los líderes militares y a los atletas victoriosos, así como a los dignatarios. En la despedida de Pablo a su amado discípulo, mencionó que esperaba recibir una recompensa tal de parte de Jesucristo. Piensa en el impacto que esto debió de haber tenido en Timoteo. Cuán alentador debió de haber sido par él escuchar las últimas palabras de su mentor, expresadas con confianza y gozo en Jesucristo. La esperanza de Pablo, expresada en 2 Timoteo 4:7-8, recordó a su pupilo la razón por la que estaba peleando como soldado y esforzándose como atleta. A pesar de estar en la cárcel, a punto de morir, el apóstol se regocijaba: "He peleado la buena batalla, he acabado la carrera, he guardado la fe. Por lo demás, me está guardada la corona de justicia, la cual me dará el Señor, juez justo, en aquel día; y no solo a mí, sino también a todos los que aman su venida". Sin importar las luchas que Timoteo estaba enfrentando, podía vencer la tentación por la esperanza que tenía en Cristo.

La historia nos dice que Timoteo murió mientras intentaba evitar que ciertas personas participaran en idolatría en una celebración pagana. Mientras proclamaba el verdadero evangelio, fue golpeado duramente por la turba y murió dos días más tarde. Timoteo entregó su vida para que Cristo fuera glorificado y demostró fidelidad y valentía hasta el final.

A medida que huimos del pecado y buscamos la santidad en nuestra propia vida, sigamos el ejemplo de Timoteo. Si confiamos en el poder de Dios, recordamos el evangelio, huimos del pecado y buscamos la justicia, también podemos experimentar una vida de victoria espiritual. El camino no siempre será fácil, pero nuestra fidelidad será recompensada con creces. Un día, estaremos de pie delante de Cristo. En ese momento, ya no habrá más pecado ni tentación. Mientras esperamos ese día, podemos regocijarnos con Pablo en que "el Señor [nos] librará de toda obra mala, y [nos] preservará para su reino celestial. A él sea gloria por los siglos de los siglos. Amén" (2 Timoteo 4:18).

PREGUNTAS DE REFLEXIÓN PERSONAL

1. ¿Qué fue lo más interesante que aprendiste sobre la vida de Timoteo en este capítulo?
2. Según las definiciones de este capítulo, ¿de qué manera estás buscando un estilo de vida de autonegación masculina? ¿En qué área ves una oportunidad de crecimiento?
3. ¿Cuál es la respuesta correcta a la tentación?

4. ¿Qué pasos has tomado en tu propia vida para huir de la tentación? ¿Qué pasos deberías estar listo para tomar durante momentos futuros de tentación?
5. ¿Cuáles son algunas de las tentaciones más comunes que enfrentan los hombres cristianos? Después de leer este capítulo, ¿qué consejo le darías a un amigo que está luchando con estas tentaciones?
6. Lee los "Pasajes bíblicos para profundizar más". Al hacerlo, menciona de qué forma cada pasaje afirma, aclara o aplica las verdades que has aprendido en la lectura de este capítulo. ¿Algún otro versículo te viene a la mente?

PASAJES BÍBLICOS PARA PROFUNDIZAR MÁS

Proverbios 1:10, 15; Mateo 6:9-13; 1 Corintios 6:18-20; 1 Corintios 10:13-14; Efesios 6:10-12; 1 Timoteo 6:10-11; 2 Timoteo 2:22; Santiago 4:7-8; 1 Pedro 5:8-9; 1 Juan 2:15-17.

7

El hombre verdadero se arrepiente de su pecado

Lecciones de la vida de David

MARK ZHAKEVICH

El arrepentimiento (apartarse del pecado) es un componente esencial de la vida cristiana. Comienza en el momento de la salvación (Lucas 24:47) y continúa en nuestro caminar con Cristo (1 Juan 1:9). Una vez que hemos comenzado a seguirlo, debemos despojarnos continuamente del pecado que con tanta facilidad nos asedia (Hebreos 12:1). El predicador del siglo XIX, Charles Spurgeon, lo expresó de manera brillante: "Un cristiano nunca debe dejar de arrepentirse, pues me temo que nunca deja de pecar".[1] Aunque el arrepentimiento es esencial para nuestra intimidad espiritual con Dios, no es fácil producirlo de corazón. Exige quebranto, humildad, aborrecimiento hacia el pecado y un anhelo genuino por cambiar. También requiere la confesión de que me equivoqué y de que necesito perdón y restauración. A veces, es tan difícil para

---

1. C. H. Spurgeon, "Gray Hairs", un sermón predicado el 13 de septiembre de 1868 en *The Metropolitan Tabernacle Pulpit* (Pasadena, TX: Pilgrim Publications, 1969), 14:509.

nosotros esta admisión como lo fue para David, el hombre cuya vida consideraremos en este capítulo.

UN HOMBRE CONFORME AL CORAZÓN DE DIOS

Con frecuencia, David es exaltado como ejemplo de arrepentimiento. Aunque fue un hombre conforme al corazón de Dios (1 Samuel 13:14), ciertamente su vida no estuvo libre de pecado. Específicamente, una trágica decisión resultó en adulterio, asesinato y un encubrimiento prolongado. ¡Estos no son pecados pequeños! Sin embargo, cuando el pecado es más grande, el arrepentimiento es más intenso y este punto bajo de la vida de David nos enseña varias lecciones importantes.

Con excepción de su épica batalla contra Goliat, probablemente el relato más conocido de la vida de David es su aventura amorosa con Betsabé. Este trágico episodio comenzó cuando Joab, el capitán del ejército de David, dirigió la campaña militar de Israel contra los amonitas, mientras que David se quedó en casa en Jerusalén (2 Samuel 11). Una tarde, mientras caminaba por el techo de su palacio, David vio a una mujer que se estaba bañando. En lugar de resistir la tentación y desviar la mirada, dejó que la lujuria de sus ojos incitara la pasión de su carne. Después de algunas preguntas, descubrió que la mujer era Betsabé, "hija de uno de los mejores guerreros de David, nieta de su consejero de mayor confianza y esposa de uno los soldados más honrados de su círculo íntimo".[2] Su pedigrí debió de haber reprimido su interés, pero, en cambio, la invitó a su palacio. A este adulterio le siguió un embarazo no planeado, una conspiración engañosa y un vergonzoso asesinato.

Durante nueve meses, David pensó que su encubrimiento había sido exitoso. Mientras más tiempo pasaba, más parecía que

---

2. Robert D. Bergen, "1 & 2 Samuel", en *The New American Commentary*, ed. E. Ray Clendenen (Nashville: Broadman & Holman, 1996), 364. Cp. 2 Samuel 16:23; 23:34, 39.

se había salido con la suya. El arrepentimiento era un pensamiento distante. Un autor lo explica así: "Cuando el arrepentimiento se aplaza, el pecado se fortalece y el corazón se endurece. Cuanto más se congela el hielo, más difícil es romperlo".[3] Esto fue precisamente lo que le sucedió a David. Tal vez pensó que había escondido sus actos con suficiente destreza, de manera que nadie sabía realmente lo que había sucedido. O quizás no le importaba que otras personas supieran. Después de todo, era el rey; ¿quién se atrevería a criticarlo? Sin embargo, Dios sabía lo que había sucedido y no dejaría que el pecado de David quedara olvidado en silencio.

El Señor envió a su profeta, Natán, para reprender a David. Y en ese momento, el corazón de David fue traspasado. Todas sus maquinaciones cayeron por tierra cuando nueve meses de culpa y de dolor estallaron. En respuesta a la reprensión de Natán, David escribió algunas de las palabras más preciosas e instructivas en todas las Escrituras. La oración llena de lágrimas que registró en el Salmo 51 nos revela siete elementos del arrepentimiento genuino. Estos caracterizan la respuesta correcta ante el pecado y ejemplifican la realidad de que el hombre verdadero se arrepiente.

1. El corazón arrepentido apela a la gracia de Dios

La confesión de David comienza con un clamor a la única fuente de perdón: Dios mismo. David ya no estaba encubriendo su pecado. Se le habían terminado las excusas. Finalmente, había acudido al Señor, quebrantado, exhausto y desesperado. Al comenzar su confesión en el versículo 1, se refugió, no en sí mismo, sino más bien en el carácter misericordioso de Dios. Al pedir a Dios: "Ten piedad", David reconoce tanto su propia

---

3. Thomas Watson, citado en *The Golden Treasury of Puritan Quotations*, compilado por I. D. E. Thomas (Edimburgo: Banner of Truth, 1975), 240.

insuficiencia como la bondad todo suficiente de Dios. Al apelar a la "misericordia" del Señor, David le recuerda su amor de pacto hacia Abraham, Isaac, Jacob y hasta el mismo David. Al invocar la "multitud de [sus] piedades", David encuentra refugio en la compasión del Señor hacia su pueblo.

David se entregó por completo a la misericordia de Dios en repetidas ocasiones. Él conocía su propia insuficiencia. Si quería encontrar perdón, debía mirar a las riquezas inagotables del carácter misericordioso de Dios. Tal vez, recordó la descripción de Dios de sí mismo en Éxodo 34: "¡Jehová! ¡Jehová! fuerte, misericordioso y piadoso; tardo para la ira, y grande en misericordia y verdad" (v. 6). Cualquier oración de arrepentimiento debe comenzar allí, reconociendo nuestra dependencia total de la gracia de Dios. Para el creyente del Nuevo Testamento, esta gracia está disponible de forma abundante en Jesucristo, por quien hemos recibido gracia sobre gracia (Juan 1:16).

Jesús afirmó la importancia de descansar en la gracia de Dios mediante su relato del fariseo y el publicano (Lucas 18:9-14). Mientras que el primero hacía alarde de sus logros de justicia propia, el segundo clamó en humildad a Dios por misericordia. Uno confió en sus propios méritos para obtener el favor de Dios; el otro, "no quería ni aun alzar los ojos al cielo, sino que se golpeaba el pecho, diciendo: Dios, sé propicio a mí, pecador" (Lucas 18:13). Jesús afirmó que solo el publicano se fue a casa perdonado y justificado. Todo arrepentimiento verdadero comienza con un clamor de corazón a la gracia de Dios; de otra manera, el proceso es interrumpido apenas comienza.

2. El corazón arrepentido reconoce su pecado

Después de apelar a la gracia de Dios, David reconoció su pecado (vv. 2-3). Finalmente, admitió la terrible naturaleza de sus actos. Su encubrimiento de nueve meses se había terminado (cp. 2 Samuel 11:27; 12:1). Era momento de dejar de mentirse a sí mismo, a otros y a Dios respecto a lo que había hecho. Andrew Murray hace notar lo siguiente: "Por naturaleza, el hombre está tan por completo bajo el poder del pecado que puede esconderlo de sí mismo incluso después de haberlo cometido. Esta es una de las manifestaciones más peligrosas del pecado. Ciega el corazón [...]. La obra del Espíritu de la gracia de Dios es hacer que el corazón reconozca el pecado".[4] En este caso, Dios, en su misericordia, envió a su profeta para enfrentar el pecado de David y producir convicción en su corazón. El resultado fue una confesión genuina, que incluía la admisión de haber hecho mal, un acuerdo con Dios en cuanto a la gravedad de la ofensa, una disposición a aceptar las consecuencias y un anhelo sincero por cambiar.

Es notable que David no culpó a nadie más, sino que tomó plena responsabilidad. En todo el salmo, afirma en repetidas ocasiones que fue *su* pecado; así pues, escribe: "*mis* rebeliones" (v. 1), "*mi* maldad" (v. 2), "*mi* pecado" (v. 2), "*mis* rebeliones" (v. 3), "*mi* pecado" (v. 3), etcétera. David no acusa a Betsabé de ser una seductora. No se queja de la proximidad de la casa de su esposo a su palacio (para poder haberla visto bañándose). Tampoco culpa al capitán de su ejército, Joab, por ayudarlo a llevar a cabo el complot contra Urías. En cambio, admite de forma abierta lo que Santiago escribió en el Nuevo Testamento: que "cada uno es tentado, cuando de su *propia* concupiscencia es atraído y seducido. Entonces la concupiscencia, después que ha concebido, da a luz el pecado" (Santiago 1:14-15). El pecado de David fue suyo propio y eso fue lo que reconoció delante de Dios. La confesión genuina no intenta justificar la mala acción. No culpa ni a Satanás ni a los demás. En cambio, acepta la responsabilidad por sus propias acciones mediante una admisión

---

4. Andrew Murray, *Have Mercy Upon Me: The Prayer of the Penitent in the Fifty-first Psalm Explained and Applied*, trad. J. P. Lilley (Londres: James Nisbet, 1896), 58.

específica de pecado. Luego, descansa en la gracia y en la misericordia de Dios para recibir perdón y limpieza.

3. El corazón arrepentido pide perdón

En el Salmo 32, un pasaje paralelo al Salmo 51, David habló del gozo que viene de buscar y recibir el perdón de Dios. En él, escribe: "Bienaventurado aquel cuya transgresión ha sido perdonada, y cubierto su pecado […]. Mi pecado te declaré, y no encubrí mi iniquidad. Dije: Confesaré mis transgresiones a Jehová; y tú perdonaste la maldad de mi pecado" (vv. 1, 5). La culpa que lo había cargado durante estos muchos meses finalmente había sido eliminada (cp. vv. 3-4). Una vez perdonado, pudo "[cantar] con júbilo" con todos "los rectos de corazón" (v. 11).

Tal como lo llegó a entender David, el arrepentimiento sincero busca el perdón. En el Salmo 51, utilizó ocho frases diferentes para hacer una sola petición: "Dios, por favor perdóname". En el versículo 1, dijo: "Borra mis rebeliones"; en el versículo 2: "Lávame más y más de mi maldad" y "límpiame de mi pecado". En el versículo 7, clamó: "Purifícame con hisopo" y "Lávame". En el versículo 9, rogó a Dios: "Esconde tu rostro de mis pecados" y "borra todas mis maldades". Y en el versículo 14, hizo una petición final: "Líbrame de homicidios, oh Dios, Dios de mi salvación". David estaba condenado ante la ley. Había cometido asesinato, adultero, codicia y falso testimonio al intentar encubrirse. Había actuado conforme a la lujuria de su corazón y terminó con sangre en las manos. Ningún sacerdote terrenal podía absolverlo de estos pecados. De manera que suplicó misericordia a Dios.

Él sabía que la mancha del pecado lo había ensuciado. De manera que le pidió que limpiara (o borrara) su pecado como se limpia la mugre. También entendió que la enfermedad del pecado lo había contaminado, como si se tratara de una especie de lepra. Por tanto, necesitaba ser lavado (v. 2) y purificado con hisopo (v. 7), un agente usado para la purificación ceremonial de los leprosos (Levítico 14:6-7). De la misma manera en que los leprosos eran marginados en el antiguo Israel, también el pecado de David lo había marginado de la presencia de Dios. Como resultado, anhelaba que Dios lo perdonara y le restaurara el gozo de su salvación (v. 12).

El pecado de David fue planeado estratégicamente, pero también lo fue su confesión. Él buscó un lavamiento completo y absoluto, de manera que no quedara rastro alguno de pecado (cp. Salmos 103:12). El mismo anhelo debería caracterizar nuestro arrepentimiento cuando pedimos a Dios limpieza diaria de los pecados que cometemos. Los hombres piadosos no culpan a otros ni ponen excusas. En cambio, confiesan de forma regular sus pecados y buscan perdón (cp. 1 Juan 1:9).

4. El corazón arrepentido reconoce a la parte ofendida

En Salmos 51:4, David comienza con un enunciado sorprendente. Él se dirige a Dios y escribe: "Contra ti, contra ti solo he pecado". Y, sin embargo, ¿qué hay de Betsabé? ¿Qué hay de Urías? ¿Qué de sus familias? ¿Qué de la nación que se suponía debía estar dirigiendo David? Su pecado afectó la vida de incontables personas. Sin embargo, entendió de forma correcta que sus actos eran, en última instancia, una ofensa contra el Señor.

Todo pecado, en esencia, es un acto de rebeldía contra Dios. El pecado ignora su ley, busca usurpar su autoridad y va totalmente en contra de su carácter santo. No solo esto, sino que también todo pecado es realizado en la presencia de Dios (Proverbios 15:3). Cuando pecamos, lo hacemos a plena vista de nuestro santo Creador. Charles Spurgeon afirmó que David "sintió que su pecado había sido cometido en toda su suciedad mientras Jehová mismo lo miraba".[5] Además de ver nuestros actos, Dios

---

5. C. H. Spurgeon, *The Treasury of David* (Peabody, MA: Hendrickson Publishers, s.f.), 1:403.

conoce también nuestros pensamientos, motivaciones y actitudes malvadas. Nada puede esconderse de su vista omnisciente (Hebreos 4:13). El arrepentimiento genuino reconoce que el pecado es completamente aborrecible ante Dios. Él lo odia y debe castigarlo. Algún día, Él lo destruirá por completo. Cuando vemos nuestro propio pecado desde su perspectiva, podemos apreciar cuán malvado y vil es en realidad. Con demasiada frecuencia, los cristianos en la actualidad reducimos nuestros estándares de santidad para hacer que reflejen la creciente mundanalidad de nuestra sociedad. El resultado es una actitud displicente hacia la santificación y una tolerancia dañina hacia el pecado, incluso dentro de la iglesia. Sin embargo, no debemos permitir que la cultura a nuestro alrededor dirija nuestro pensamiento. Nuestro estándar de santidad es Dios mismo (1 Pedro 1:16). Cuando nuestras acciones quebrantan su carácter perfecto, debemos acudir a Él con un corazón lleno de humildad y contrición (Isaías 66:2).

5. El corazón arrepentido aspira a una restauración completa con Dios

Como creyentes, fuimos perdonados por completo en el momento de nuestra salvación, cuando fuimos declarados justos delante de Dios con base en la obra completada de Cristo. La maravillosa verdad de la justificación significa que hemos sido perdonados por nuestras transgresiones. Todas nuestras deudas han sido pagadas y el Juez del universo nos ha declarado oficialmente "Inocentes". Por medio de la cruz, nuestros pecados fueron cubiertos una vez y para siempre.

Sin embargo, aunque hemos sido declarados justos, la realidad es que no siempre vivimos de forma justa. Seguimos pecando en esta vida (1 Juan 1:8, 10) y, cuando lo hacemos, nuestra relación con Dios es estorbada. Hemos sido adoptados en la familia de

Dios y esta adopción es permanente. Dios nunca nos desheredará (cp. Juan 10:28-29; Romanos 8:38-39). Sin embargo, nuestro pecado sí introduce tensión a la relación que disfrutamos con nuestro Padre celestial. Y, si no nos arrepentimos, podemos esperar que Él nos discipline, tal como un padre terrenal disciplina al hijo que ama (Hebreos 12:3-11).

Todo creyente es devastado por el pecado porque este crea un abismo en su relación con la Persona más preciosa en el universo. Tal fue la experiencia de David y su clamor por restauración es entendible. Este hombre conforme al corazón de Dios anhelaba la cercanía con Él, que alguna vez disfrutó.

En Salmos 32:3-4, David afirmó que estaba envejeciendo y gimiendo todo el día por el peso de su propio pecado. Según Salmos 38:2, fue como si Dios estuviera aplastándolo con su mano y como si flechas lo estuvieran traspasando. Fue aplastado, agitado, herido y deprimido... ¡todo por culpa de su pecado! No es de sorprender que pidiera que Dios restaurara los huesos que le había roto y lo llenara de gozo y alegría (Salmos 51:8).

El pecador arrepentido anhela que la relación dañada con Dios sea enmendada. El deseo de su corazón es ver restaurada su comunión con Dios. Mediante la confesión, la pared de pecado es derribada y la comunión con Dios se vuelve íntima una vez más. Y, sin importar cuántos pasos te hayas alejado de Dios, la gloriosa verdad es que solo toma un paso regresar. El arrepentimiento produce restauración y la restauración con Dios resulta en su paz y gozo sobrenaturales.

6. El corazón arrepentido anuncia el evangelio del perdón

Una y otra vez en las Escrituras, la recepción de perdón es seguida de forma inmediata por un celo evangelístico. La mujer samaritana habló a toda su aldea de Aquel que había expuesto su pecado y que le había ofrecido agua viva (Juan 4:39). El endemoniado gadareno proclamó su liberación a quienes vivían del otro lado del mar de Galilea (Marcos 5:19-20). Inmediatamente después de que Pablo se convirtió y le fue restaurada la vista, "predicaba a Cristo en las sinagogas, diciendo que este era el Hijo de Dios" (Hechos 9:20). Estaba tan comprometido con el evangelismo que rogaba a las personas que se reconciliaran con Dios (2 Corintios 5:20). El alma que ha sido restaurada con Dios proclama su reconciliación. Donde alguna vez hubo vergüenza y culpa, ahora hay gozo sobreabundante que debe ser compartido.

Una vez que David experimentó esta restauración, estaba entusiasmado por hablar a otros de la gracia de Dios que lo había limpiado. Escribió esto: "Vuélveme el gozo de tu salvación, y espíritu noble me sustente. Entonces enseñaré a los transgresores tus caminos, y los pecadores se convertirán a ti" (Salmos 51:12-13). En un comentario sobre estos versículos, J. J. Perowne hizo notar: "Con una consciencia libre de culpa, con un corazón renovado por el Espíritu de Dios y lleno de agradecimiento por la gran misericordia de Dios, David no puede quedarse en silencio, sino que buscará convertir a otros pecadores a Dios".[6] Después que David fue perdonado, quiso de todo corazón enseñar a otros sobre las misericordias de Dios.

El mismo celo evangelístico debería caracterizar a todos los que han experimentado la gracia sublime del perdón de Dios. ¿Nuestras oraciones incluyen intercesión por otros para que puedan ser perdonados de la misma manera? ¿Nuestras conversaciones con los incrédulos resaltan las maravillosas buenas nuevas de la reconciliación con Dios? ¿Nuestras interacciones con otros

---

6. J. J. Stewart Perowne, *The Book of Psalms: A New Translation with Introduction and Notes* (George Bell and Sons, 1878; reimp., Grand Rapids: Zondervan, 1976), 421.

creyentes les recuerdan que deben dar gracias por el perdón que han recibido y que siguen gozando a diario? ¿Estamos dispuestos a enfrentar en amor a un hermano en Cristo que vive en pecado, rogarle que se arrepienta y que se reconcilie con su Padre celestial? El corazón de todo el que ha sido perdonado palpita con el anhelo de que otros participen en la emocionante felicidad de estar a cuentas con Dios.

7. El corazón arrepentido exalta el placer de Dios

El arrepentimiento se centra en la gloria de Dios y culmina en el avance de su buen nombre. El pecador perdonado dice: "Cantará mi lengua tu justicia" (Salmos 51:14) porque su transgresión ha sido perdonada y cubierto su pecado (Salmos 32:1). Junto con el profeta Miqueas, proclamará: "¿Qué Dios como tú, que perdona la maldad [...]?" (Miqueas 7:18). La oración penitente no termina en tristeza, porque el perdón produce paz y gozo (Salmos 51:12). Y el creyente lleno de gozo da gloria al Dios de la gracia.

David prometió verbalizar la gloria de Dios con palabras de alabanza. Escribió: "Cantará mi lengua tu justicia. Señor, abre mis labios, y publicará mi boca tu alabanza" (vv. 14-15). Luego, se comprometió a dar seguimiento a su arrepentimiento con sacrificios aceptables a Dios (v. 19), que surgen de un corazón quebrantado y contrito (v. 17). Aunque ya no ofrecemos toros ni machos cabríos como sacrificio hoy, sí se nos manda rendir ciertos sacrificios a Dios. Pablo lo explicó en su carta a los Romanos: "Así que, hermanos, os ruego por las misericordias de Dios, que presentéis vuestros cuerpos en sacrificio vivo, santo, agradable a Dios, que es vuestro culto racional. No os conforméis a este siglo, sino transformaos por medio de la renovación de vuestro entendimiento, para que comprobéis cuál sea la buena voluntad de Dios, agradable y perfecta" (12:1-2).

De manera similar, el escritor de Hebreos instruyó a sus lectores: "Ofrezcamos siempre a Dios, por medio de él, sacrificio de alabanza, es decir, fruto de labios que confiesan su nombre" (Hebreos 13:15). Nuestras ofrendas de adoración hoy consisten en palabras de alabanza y en obras de obediencia. Sin embargo, Dios se agrada en estos sacrificios solo cuando provienen de un corazón verdaderamente penitente (cp. Salmos 51:16).

Como creyentes, hemos sido salvos "para alabanza de su gloria" (Efesios 1:12, 14; ver también 1:6). Cuando andamos conforme a su voluntad, reflejamos su gloria como sacrificios vivos que testifican de la verdad de su poder santificador. Sin embargo, aun cuando tropezamos y fallamos, cuando acudimos a Él en arrepentimiento y humildad, Él es rápido para perdonarnos y restaurarnos. Esto también hace avanzar su gloria, porque magnifica las inagotables riquezas de su gracia y produce en nosotros un corazón agradecido de alabanza. Además, cuando hemos sido restaurados a una comunión sin barreras con Él, estamos listos una vez más para vivir una vida cristiana llena de gozo mediante el poder de su Espíritu.

UN DIOS DE GRACIA INAGOTABLE

Aunque tardó, el arrepentimiento de David fue genuino. Lo que él intentó encubrir, Dios descubrió. Sin embargo, una vez que confesó de forma abierta su pecado, Dios lo volvió a cubrir con su gracia. Humillado y lleno de convicción, David dejó de ignorar su pecado. No intentó justificarlo ni culpar a otros. En cambio, acudió a Dios con un corazón quebrantado y contrito. Y Dios, fiel a su carácter, respondió con gracia, compasión y perdón.

En este caso, el ejemplo de David no lo exalta. Él falló de forma miserable. Lo único que pudo hacer fue admitir su maldad y rogar por la benevolencia divina. Sin embargo, la experiencia de David sí exalta la bondad y la misericordia de Dios; resalta la verdad de que no hay pecado que esté fuera del alcance de su gracia inagotable. Esa es la esperanza para ti, para mí y para cualquier otro pecado. Al igual que David, todos somos indignos. Sin embargo, igual que él, podemos encontrar perdón en el trono de la gracia. Solo entonces, con nuestra relación con Dios restaurada, podemos experimentar el gozo de nuestra salvación y la paz que sobrepasa todo entendimiento.

PREGUNTAS DE REFLEXIÓN PERSONAL

1. ¿Qué fue lo más interesante que aprendiste sobre la vida de David en este capítulo?
2. ¿Por qué se tardó tanto en arrepentirse David?
3. Según este capítulo, ¿cuál es la marca que caracteriza al arrepentimiento genuino?
4. ¿Por qué es tan importante el arrepentimiento? En términos prácticos, ¿cómo es el arrepentimiento en la vida de un cristiano?
5. Incluso después de arrepentirse, una persona puede seguir experimentando consecuencias dolorosas por el pecado que ha cometido. ¿Cuál es la respuesta apropiada a estas consecuencias?
6. Lee los "Pasajes bíblicos para profundizar más". Al hacerlo, menciona de qué forma cada pasaje afirma, aclara o aplica las verdades que has aprendido en la lectura de este capítulo. ¿Algún otro versículo te viene a la mente?

PASAJES BÍBLICOS PARA PROFUNDIZAR MÁS

Salmos 32:1-5; Salmos 51:1-4; Proverbios 28:13-14; 2 Corintios 7:9-10; Efesios 4:20-24; 2 Timoteo 2:24-26; Hebreos 12:1-2; 1 Juan 1:6-9.

8

El hombre verdadero rehúsa claudicar

Lecciones de la vida de Daniel

Kelly Wright

¿Qué te movería a claudicar? ¿Qué te llevaría al punto de estar dispuesto a abandonar tu integridad y a poner en riesgo tu reputación? ¿Algo tan sencillo como un caramelo? ¿Qué tal la promesa de ser hecho un príncipe o la idea de que tus hermanos y hermanas te sirvan como rey?

Estas tentaciones fueron demasiado para Edmund Pevensie. Las promesas de la Bruja Blanca incluían interminables cantidades de una golosina llamada delicia turca y el gobierno de toda Narnia. Estas posibilidades le parecieron tan deseables a Edmund, que estuvo dispuesto a engañar a sus hermanos y a poner en riesgo su vida para obtener lo que quería. Las promesas de la Bruja Blanca eran vacías y falsas. En lugar de delicias turcas, Edmund recibió un pedazo de pan seco en un plato de hierro. Y en lugar de ser coronado príncipe sobre Narnia, fue sometido a la vida de un esclavo. A medida que la trama de la historia de C. S. Lewis *El león, la bruja y el ropero* continúa avanzando, se descubre una dura realidad: la necia decisión de Edmund tiene consecuencias devastadoras para él y para su familia.

A nadie le hace gracia una persona que claudica en sus valores, uno que viola los principios que profesa y traiciona la confianza de los que lo conocen. Incluso en esta historia ficticia, existe un sentimiento inmediato de desprecio hacia Edmund porque estuvo dispuesto a venderse por algo tan banal como delicias turcas y tan fantástico como el trono de Narnia. El lector solo puede imaginar qué habría pasado en la historia si Edmund hubiera tenido convicciones más fuertes.

Sin embargo, antes de ser demasiado rápidos en juzgar a Edmund, detengámonos y consideremos nuestro propio corazón. *¿Cuán a menudo claudicamos?* Puede ser que no hayamos traicionado a nuestra familia a cambio de golosinas y de un trono, pero la realidad es que todo pecado que cometemos es una forma de claudicación espiritual. Cuando cedemos ante la voz de la tentación, vivimos como si sus promesas falsas fueran verdaderas y actuamos justo como Edmund. Cuán necios somos cuando escogemos los placeres pasajeros del pecado antes que las promesas eternamente satisfactorias de Dios. Tal es la necedad y la traición de la claudicación.

CUANDO CONSIDERAS CLAUDICAR

Lo opuesto de la claudicación es la *integridad*, el carácter probado producido por una convicción consistente y valiente. Mientras que una vida de hipocresía es natural para el hombre pecador, un patrón de integridad es imposible sin la gracia de Dios. Solo los que han sido salvados del pecado y ahora están siendo santificados por el Espíritu Santo pueden resistir de forma efectiva la tentación y vivir en patrones de honestidad. A medida que los creyentes crecen en semejanza a Cristo, su valentía crece y sus convicciones se hacen más profundas; esto los vuelve más aptos para estar firmes, sin importar las pruebas o las tentaciones que puedan enfrentar (1 Corintios 10:13).

Dios nos ha provisto todo lo que necesitamos para andar en integridad. Su obra de regeneración nos ha dado un nuevo corazón (2 Corintios 5:17). Su Espíritu nos da el poder para obedecer (Romanos 8:1-11). Su armadura espiritual nos da la habilidad de resistir los ataques engañosos del maligno (Efesios 6:10-18). Y su divino poder nos ha dado "todas las cosas que pertenecen a la vida y a la piedad" (2 Pedro 1:3). Cuando andamos conforme a esa Palabra y aplicamos su verdad a cada parte de nuestra vida, podemos estar confiados en que le somos agradables y caminamos en integridad.

A medida que nos sumergimos en las Escrituras, también aprendemos sobre los santos de antaño, hombres y mujeres que recibieron la gracia de Dios y que respondieron en obediencia. Aunque no fueron perfectos, su vida nos alienta a seguir sus pasos y a correr la carrera de la fe sin claudicar (ver Hebreos 11). Un individuo que vivió de esta manera fue el profeta Daniel.

Podemos aprender sobre su vida en el libro del Antiguo Testamento que lleva su nombre. Escrito por él mismo al final de su vida, su tema central es la soberanía de Dios. Para los judíos desterrados que vivían en el cautiverio en Babilonia, su mensaje ofrecía un gran aliento. El ejército babilonio había conquistado Jerusalén, destruido el templo y llevado cautivo al pueblo a una tierra lejana. Sin embargo, en el libro de Daniel, Dios les da esperanza y revela un futuro en el que su reino sería establecido en la tierra. Este es un futuro que seguimos anticipando con expectativa y esperanza.

La propia vida de Daniel reflejó su confianza en la soberanía de Dios. Al igual que todos los demás, su carácter fue producto de su teología. Su perspectiva de Dios determinaba su manera de vivir. Y, como resultado, nunca se tambaleó en su fe, a pesar de sus alrededores. Él adoró al Señor y vivió con fidelidad para Él, incluso cuando era peligroso hacerlo. Las circunstancias de Daniel fueron difíciles, pero nunca traicionó sus valores piadosos. Fue un hombre de convicción, de valentía y de constancia. Como tal, su vida nos enseña varias lecciones vitales respecto a la integridad y resalta la verdad de que, sin importar el precio, el hombre verdadero rehúsa claudicar.

LA INTEGRIDAD NO ESTÁ RESERVADA PARA LOS ANCIANOS

Todo ocurrió seis siglos antes del nacimiento del Mesías. Daniel, cuyo nombre significa "Dios es mi juez", era tan solo un adolescente. Él y sus amigos se encontraban a cientos de kilómetros de casa. Como hijos de la nobleza de Judá, habían sido seleccionados por el rey Nabucodonosor (después de su primera invasión de Jerusalén) y llevados por la fuerza a Babilonia. Allí, se les enseñó la cultura de los caldeos para que pudieran servir en la corte real de Nabucodonosor.

Desde el momento de su llegada a Babilonia, Daniel y sus amigos se vieron rodeados de idolatría. Incluso, recibieron nuevos nombres que reflejaban a las deidades paganas. Daniel recibió el nombre *Beltsasar*, un nombre derivado de Bel, la deidad principal del panteón babilónico. Los amigos de Daniel, Ananías, Misael y Azarías, también recibieron nuevos nombres: Sadrac, Mesac y Abednego. Ante la duda de su propia identidad, el incentivo para claudicar debió de haber sido tentador. ¿Qué mejor manera de tener éxito en Babilonia que conformarse por completo a la cultura del lugar, incluyendo sus prácticas religiosas?

Sin embargo, el compromiso de estos jóvenes permaneció intacto. No quisieron tener nada que ver con la adoración pagana y hasta se negaron a comer carne o beber vino consagrado a los ídolos. Disfrutar estas cosas habría significado apoyar la adoración falsa de Babilonia y violaría el mandato de Dios de no comer nada impuro. De manera que Daniel "propuso en su corazón no contaminarse" (Daniel 1:8). Sin importar las consecuencias, él decidió no claudicar.

Según Daniel 1:9, Dios otorgó gracia a Daniel con el jefe de los eunucos, lo que les permitió a él y a sus amigos comer en cambio vegetales y agua. Para sorpresa del encargado, después de un experimento de diez días, se encontraban en mejor condición física que los demás. Dios había honrado la fe de Daniel, tal como había dicho Él mismo al sumo sacerdote Elí muchos años antes: "Yo honraré a los que me honran" (1 Samuel 2:30). Daniel se negó a claudicar y Dios lo bendijo por su integridad.

Lo sorprendente es que Daniel era tan solo un adolescente cuando esto sucedió. Era corto de años, su sabiduría apenas crecía y no había sido probado aún en la vida. Aun así, su valiente firmeza en Babilonia seguramente no fue la primera vez que decidió honrar a Dios. Las Escrituras no nos narran su niñez en Jerusalén, pero es lógico asumir que, desde una edad temprana, Daniel cultivó una fe decidida y un amor firme por el Señor.

Como joven, él sabía que era mucho más importante temer a Dios que incluso al rey Nabucodonosor, el hombre más poderoso del mundo en aquella época. Y el Señor siguió bendiciendo a Daniel y a sus amigos. Al final de su curso de entrenamiento de tres años, no solo superaban a todos en su clase, sino también a todos los demás en la corte real. Según Daniel 1:20: "En todo asunto de sabiduría e inteligencia que el rey les consultó, los halló diez veces mejores que todos los magos y astrólogos que había en todo su reino".

Un segundo episodio de la vida de Daniel confirma la verdad de que la integridad no es un asunto de edad, sino más bien de valor y de convicción. Probablemente, Daniel seguía siendo un adolescente, recién graduado de su escuela de élite en Babilonia, cuando Nabucodonosor tuvo un sueño desconcertante.

Normalmente, el rey explicaba su sueño a los sabios y ellos le ofrecían una interpretación. Sin embargo, esta vez, el rey se negó a decirles lo que soñó. En cambio, exigió que los sabios le dijeran lo que había visto y su significado. No es de sorprender que no pudieran hacerlo. Nabucodonosor, enfurecido por su respuesta, ordenó que todos sus consejeros fueran matados por este fracaso. De pronto y no por culpa propia, la vida de Daniel y de sus amigos estaba en peligro inminente. ¿Cómo respondió Daniel? Él pudo haber temido por su vida, huido del peligro o peleado contra los soldados que llegaron a arrestarlo. Sin embargo, estas respuestas habrían sido contrarias a todo lo que sabía sobre la soberanía de Dios. En lugar de angustiarse, él respondió en oración (Daniel 2:14). Él y sus amigos pidieron a Dios que revelara el misterio del sueño del rey a Daniel, y el Señor se agradó en conceder su petición.

Cuando Daniel informó a Nabucodonosor cuál había sido su sueño y se lo explicó, este se sorprendió tanto que "se postró sobre su rostro" y dijo: "Ciertamente el Dios vuestro es Dios de dioses, y Señor de los reyes, y el que revela los misterios, pues pudiste revelar este misterio" (vv. 46-47). El rey exaltó a Dios y también honró a Daniel al ponerlo en una posición de autoridad sobre toda la provincia de Babilonia.

Incluso como adolescente, la respuesta de Daniel a sus circunstancias reveló un corazón de valentía y convicción. Confió en la soberanía, en la sabiduría y en la gracia de Dios. Él puso su confianza en el carácter de Dios y rehusó claudicar. Su fe y decisión lo convirtieron en un varón de integridad.

El ejemplo de Daniel nos enseña que la integridad no debe reservarse únicamente para aquellos que tienen una extensa experiencia de vida y cabellos grises. Se espera la integridad de todo seguidor de Dios. Todo hombre cristiano, sin importar su edad, tiene el llamado de huir de la claudicación y de seguir con fidelidad a Cristo. Desde el momento de la salvación, los creyentes deben "[andar] como es digno de la vocación con que [fueron] llamados" (Efesios 4:1). Sin importar si eres un adulto joven o un venerable anciano, todos estamos sujetos al mismo estándar de piedad.

LA INTEGRIDAD QUE CUENTA DEBE SER CONSTANTE

Un hombre de integridad es un hombre constante. Su carácter y su convicción son iguales en toda situación. No es definido por una sola buena acción, sino por una vida entera de buenas decisiones. Ciertamente, este fue el caso con Daniel. La integridad del joven profeta no terminó con su adolescencia. Al envejecer, permaneció fiel al Señor y se negó a claudicar, sin importar las consecuencias.

El capítulo 4 de Daniel nos habla del orgullo, la humillación y el arrepentimiento de Nabucodonosor. Una vez más, el rey tuvo un sueño. Sin embargo, este fue diferente, pues predecía juicio sobre el mismo Nabucodonosor. Por causa de su orgullo, el rey sería sometido de forma sobrenatural a siete años de locura y de humillación. Según el versículo 25, Dios dijo al rey: "Te echarán de entre los hombres, y con las bestias del campo será tu morada, y con hierba del campo te apacentarán como a los bueyes, y con el rocío del cielo serás bañado; y siete tiempos pasarán sobre ti, hasta que conozcas que el Altísimo tiene dominio en el reino de los hombres, y que lo da a quien él quiere".

Cuando Nabucodonosor relató los detalles de su sueño a Daniel, este "quedó atónito casi una hora, y sus pensamientos lo turbaban". Le dijo al rey: "El sueño sea para tus enemigos, y su interpretación para los que mal te quieren" (v. 19). Ante el prospecto incómodo de dar malas noticias al rey, él se vio tentado a comprometer su integridad. Él pudo haber mentido respecto al significado del sueño y presentado una interpretación favorable para el rey. Sin embargo, no lo hizo. Ya que temía más a Dios que al rey, Daniel explicó con honestidad a Nabucodonosor lo que Dios le había revelado.

Por supuesto que la respuesta de Daniel en esta situación no nos sorprende en verdad, en especial a la luz de lo que ya ha hecho antes en su vida. Como un varón de integridad, su carácter ha permanecido constante. La convicción que lo caracterizó de joven continuó durante toda su vida. Su carácter era tal que su respuesta ante cualquier situación era predecible y esta constancia le generó una poderosa reputación.

Muchos años más tarde, alrededor de la edad de ochenta, Daniel probó de nuevo su integridad ante otro rey babilonio, Belsasar. El hombre de Dios fue llamado para interpretar unas palabras misteriosas que una mano divina había escrito en la pared. Es posible imaginar a este profeta de ochenta años caminando lento, pero confiadamente a la sala de banquetes donde Belsasar y sus amigos idólatras habían contaminado los vasos de oro tomados del templo del Señor en Jerusalén.

El mensaje divino escrito en la pared revelaba la caída de Belsasar esa misma noche. De nuevo, Daniel pudo haberse sentido tentado a mentir y anunciar una interpretación positiva para no incurrir en la ira de Belsasar. Después de todo, el reinado de Babilonia estaba por terminar; tal vez, habría sido ventajoso para Daniel guardarse las malas noticias. Sin embargo, con la integridad que demostró durante toda su vida, dio la interpretación correcta de las palabras en la pared.

Constantemente, Daniel temió al Señor más que al hombre. Con su confianza puesta por completo en Dios, guardó su integridad a pesar del peligro a su propia vida. Después de la caída del reino de Belsasar a manos del rey Darío y los medo-persas, este nombró a Daniel uno de sus tres gobernadores que tenían autoridad sobre los ciento veinte líderes del reino. Una vez más, su integridad fue puesta a prueba.

Las rivalidades entre colegas no son algo nuevo. Sin embargo, los colegas de Daniel lo llevaron a un nivel totalmente diferente y hasta llegaron a formular un plan para asesinarlo. Formaron un complot para enfrentar la obediencia de Daniel a Dios contra su obediencia a Darío (Daniel 6:4-5). Como sabían que era un hombre de integridad, sabían exactamente lo que haría si se veía forzado a escoger entre obedecer al Señor o al rey.

Cuando los líderes malvados convencieron al ególatra Darío de promulgar una nueva ley que exigiera que todos sus ciudadanos lo adoraran solo a él durante treinta días, la trampa quedó tendida. Los enemigos de Daniel sabían que él no claudicaría. Él nunca adoraría a Darío ni dejaría de adorar al único Dios verdadero. Aunque sabía del edicto, Daniel mantuvo su práctica de orar tres veces al día (Daniel 6:10). Sus enemigos, satisfechos por su éxito, lo atraparon en el acto.

La infracción, castigada con la muerte, envío a Daniel al foso de los leones. Sin embargo, Dios había honrado la fidelidad de Daniel y Él volvió a hacerlo al proteger su vida. La integridad de Daniel fue de testimonio para Darío, quien se gozó sobremanera al descubrir que Daniel seguía vivo después de toda una noche en el foso de los leones. A continuación, los líderes que habían ideado la caída de Daniel fueron lanzados a los leones y el rey promulgó un nuevo edicto: Esta vez, el pueblo del reino recibió la orden de adorar al único Dios verdadero.

Daniel fue consistente en su integridad. Sin importar si el asunto era la dieta y evitar alimentos consagrados a los ídolos, su disposición para interpretar sueños con precisión o su adoración fiel, Daniel vivió de forma constante para Dios. Él no temió a los oficiales de la corte ni a los reyes más de lo que temió al Señor. Como resultado, rehusó claudicar, incluso cuando las consecuencias eran potencialmente mortíferas. ¡Qué ejemplo para nosotros!

LA INTEGRIDAD ES FRUTO DE UN CARÁCTER PIADOSO

La integridad no brota por sí misma. Cultivarla requiere determinación, y esta es resultado de una convicción de corazón y de un carácter piadoso. Es necesario cultivar la piedad en nuestros pensamientos, palabras y acciones. Esto requiere esfuerzo y diligencia. El hombre que anhela integridad debe trabajar duro para "[ejercitarse] para la piedad" (1 Timoteo 4:7).

El ejemplo de Daniel nos enseña que la integridad es fruto de un carácter piadoso. Durante toda su vida, busco al Señor con todo su corazón. Adoró a Dios, vivió conforme a su Palabra, oró a menudo y temió al Señor por encima de todo lo demás. Lo que caracterizó su vida fue un enfoque en Dios y sus actos fueron la consecuencia de esto.

El secreto del carácter de Daniel fue su entendimiento de Dios. Él creía en su poder, fidelidad y amor. Su conocimiento de la Palabra de Dios dominaba su vida. Nada podía hacerlo comprometer sus convicciones, porque su integridad estaba fundamentada en su teología. Él confiaba de todo corazón en la soberanía de Dios y, como resultado, disfrutaba de su bendición. Un autor lo explica así:

> La experiencia de Daniel es una magnífica ilustración de cómo la bendición soberana de Dios acompaña a los hombres que se consagran por completo a los principios más elevados. Humanamente hablando, el éxito de Daniel dependió de su dedicación. Pero divinamente hablando, lo que le ocurrió a Daniel estuvo completamente bajo el control de Dios. Las verdades complementarias de la soberanía de Dios y la dedicación del hombre están unidas inseparablemente y son viables en nuestra vida cuando tratamos de vivir para

Él sin ninguna claudicación en nuestras convicciones. Podemos esperar que nuestra dedicación a los mismos estándares extraordinarios de Daniel, que en realidad no son sino los estándares normales de Dios, será desafiada y puesta a prueba por el mundo (cp. Juan 16:33; Santiago 1:2, 3). Pero también podemos confiar en obtener resultados positivos de esas pruebas, tal como sucedió con Daniel (cp. Job 23:10).[1]

Armado con una fe determinada en Dios, Daniel rehusó claudicar. Como varones cristianos, tampoco debemos claudicar. Al igual que Daniel, nuestra vida debe ser gobernada por principios bíblicos y por un entendimiento correcto del carácter perfecto del Señor. Nuestra fe en Él debe ser el fundamento de nuestras firmes convicciones y de nuestro amor por Él, la razón de nuestra obediencia constante. El Señor pagó un precio infinito para salvarnos y deberíamos servirlo con gran gozo a toda costa. Al saber que Él nos pedirá cuentas de nuestra forma de vivir, nuestro deleite es agradarlo en todas nuestras decisiones. Él es siempre fiel y veraz, de manera que nuestra meta debe ser honrarlo y andar en integridad. Después de todo, nuestra reputación no es la única que está en juego. Nosotros portamos su nombre y nunca debemos querer traer deshonra a nuestro Salvador.

Aunque Daniel fue probado lejos de casa por los reyes más poderosos de su época, nunca claudicó en sus convicciones. Él mantuvo una vida de integridad delante de Dios porque temía más a Dios que a los hombres. Su carácter fue marcado por constancia y valentía. Y, para cuando llegó a una edad avanzada, su reputación estaba tan bien definida que hasta sus enemigos podían contar con ella. ¡Qué testimonio de integridad y de disciplina piadosa!

---

1. John MacArthur, *El poder de la integridad* (Portavoz, 1999), 66.

En la actualidad, los creyentes debemos ser alentados y desafiados por el ejemplo de Daniel. "Daniel y sus amigos no comprometieron sus convicciones, y tampoco debemos hacerlo nosotros. Los principios bíblicos que defendió Daniel son tan reales, prácticos y fiables para nosotros como lo fueron para él".[2] Para ser hombres de integridad, debemos ser hombres de convicción, de valentía y de constancia. Y, al andar de una manera que honra a Dios, podemos descansar en su control soberano y disfrutar de la promesa de su bendición para nuestra vida.

PREGUNTAS DE REFLEXIÓN PERSONAL

1. ¿Qué fue lo más interesante que aprendiste sobre la vida de Daniel en este capítulo?
2. Enumera algunas de las formas en que Daniel pudo haber claudicado. ¿Cómo habría alterado esto su legado?
3. ¿Qué hizo que Daniel mantuviera su integridad en medio de un ambiente hostil? ¿De qué forma piensas que habrías respondido si hubieras estado en su lugar?
4. ¿Cuáles son los primeros pasos hacia claudicar? ¿Qué puedes hacer para evitar tomar estos pasos?
5. Según este capítulo, ¿qué se necesita para vivir una vida sin claudicaciones?
6. Si definimos la integridad como una vida entera de decisiones correctas (una convicción constante), ¿cómo se vería la integridad en tu propia vida?
7. Lee los "Pasajes bíblicos para profundizar más". Al hacerlo, menciona de qué forma cada pasaje afirma, aclara o aplica las verdades que has aprendido en la lectura de este capítulo. ¿Algún otro versículo te viene a la mente?

---

2. Ibid.

PASAJES BÍBLICOS PARA PROFUNDIZAR MÁS

Génesis 39:6-10; Salmos 26:1-5, 11; Proverbios 4:14-15, 18-19; Proverbios 20:7; Proverbios 28:6; Daniel 1:8; 1 Corintios 9:24-27; 2 Timoteo 4:7-8; Santiago 4:4; 1 Pedro 1:14-16.

9

El hombre verdadero dirige con valor

Lecciones de la vida de Nehemías

Jonathan Rourke

Nadie llevaba estadísticas de capturas de mariscal de campo en la NFL hasta 1982, porque este suceso nunca había definido un partido. Todo cambió cuando llegó Lawrence Taylor. Medía 1,93 m y pesaba 111 kg, era rapidísimo y su misión era hacer sufrir a cualquiera que tuviera en sus manos el balón. Los mariscales de campo de la liga tenían tanto temor del número cincuenta y seis que se olvidaban de sacar la jugada o de pedir un tiempo fuera si no podían ubicarlo en la defensa. ¿Te suena extremo? Pregúntale al mariscal de campo Joe Theismann.

Dirigir una ofensiva es difícil, en especial cuando tu oponente tiene la reputación de poner fin a la carrera del jugador en tu posición. Requiere valentía, es decir, acción de cara al temor. Si no actúas lo suficientemente rápido, podrías terminar de espaldas, capturado por un oponente determinado o por circunstancias difíciles. El héroe del Antiguo Testamento, Nehemías, tuvo la experiencia de ambas cosas, pero perseveró y superó la adversidad mediante su valentía, determinación y celo por Dios.

El relato de Nehemías nos enseña que un líder piadoso debe estar dispuesto a actuar conforme a sus convicciones. Nos muestra que parte de forjar un carácter correcto es estar preparado para pagar el precio por él. Podrás hacer grandes cosas, incluso más allá de tu habilidad natural, si tienes una gran fe.

EL FUNDAMENTO DE LA VALENTÍA DE NEHEMÍAS

Nehemías es un héroe espiritual, un ejemplo estelar de integridad y de virtud. Aunque podemos aprender muchas lecciones de su vida, en este capítulo nos enfocaremos en su liderazgo audaz y valiente. En su vida, encontramos tres características principales que nos ayudan a explicar el fundamento de su valentía: convicción, sacrificio y fe.

Convicción: La valentía está orientada a acciones

Stephen Siller venía de terminar su guardia de toda la noche en la estación de bomberos #1 de Brooklyn. Mientras conducía su camioneta, de camino a jugar golf, escuchó la noticia de los atentados sobre el World Trade Center. De inmediato, se dio la media vuelta y se apresuró para regresar. Cuando llegó al túnel Battery de Brooklyn, no pudo pasar por el tráfico. Sin embargo, esto no lo detuvo. Saltó de su camioneta, tomó una gran cantidad de equipo y corrió casi 5 km (3 mi) hasta la Zona Cero. Sin considerar su propia vida, el decidido bombero se lanzó con valentía hacia el peligro y se sacrificó para ayudar a otros. Siller no regresó a casa ese día y dejó atrás una esposa y cinco hijos. Sin embargo, su legado de valentía, junto con el de muchos otros bomberos, sigue inspirando a las multitudes que visitan el memorial del 11 de septiembre.

Stephen fue motivado por un profundo sentido de deber y de responsabilidad. Esto lo movió a actuar de inmediato, cuando otros quedaron paralizados con temor y confusión. No fue una reacción impulsiva, sino decidida, basada en años de entrenamiento y en un compromiso inalterable por servir. De esta manera, la valentía de Stephen refleja la de Nehemías, un hombre que demostró el mismo tipo de carácter resuelto veinticinco siglos antes.

Nehemías era el copero del hombre más poderoso del mundo. Servía al emperador Artajerjes en la ciudad capital de Susa. Un día, el perceptivo monarca notó que Nehemías estaba triste y le preguntó la razón. Cuando este le explicó que Jerusalén, la ciudad de su pueblo, estaba en ruinas, el rey le preguntó de inmediato qué deseaba hacer al respecto. Después de una rápida oración, el valiente siervo pidió un permiso laboral, la autoridad para viajar por el reino sin restricción y suficientes materiales de construcción para reedificar las puertas y las murallas de la ciudad. Sorprendentemente, el rey accedió.

Este es el primer ejemplo de la habilidad de Nehemías para actuar con decisión. Cuando el rey le hizo una pregunta perspicaz, él le ofreció una respuesta breve, específica y concluyente. A los hombres de valor no les gusta decir: "No lo sé; déjame revisar y te digo después". La respuesta de Nehemías fue decidida, igual que la de Siller. Sus actos fueron motivados, no solo por sus circunstancias, sino también por sus convicciones. Dios había estado preparando a Nehemías toda su vida para el momento en el que el rey le hiciera la pregunta crítica. Y, cuando llegó este momento, junto con la oportunidad de hacer suceder algo, él no dudó en actuar.

Esta petición al rey requirió de mucha valentía. Sin embargo, Nehemías ya había elevado una petición al Rey de reyes mucho antes de apelar a Artajerjes. Es importante notar que la oración fue la principal motivación de la valentía de Nehemías. Cuando este escuchó sobre la triste situación de los judíos en Jerusalén, se sentó, lloró y buscó al Señor (Nehemías 1:4). Cuando el rey le hizo la pregunta, primero oró rápidamente… y luego respondió (2:4). Más adelante, mientras reconstruía la muralla y enfrentaba insultos y oposición, pidió a Dios que devolviera el escarnio sobre la cabeza de sus enemigos (4:4). Asimismo, cuando fue amenazado, oró por ayuda y también se preparó para defender a su pueblo (4:9-14). La confianza inamovible de Nehemías en Dios, evidenciada y empoderada por su fiel vida de oración, le dio valor incluso en la presencia de sus oponentes.

Nehemías no solo fue audaz en su respuesta a sus enemigos, sino también en su interacción con sus colegas. Cuando el excopero llegó a Jerusalén, encontró que el pueblo estaba en una tremenda crisis por las deudas. La nobleza judía les estaba cobrando demasiados intereses por sus préstamos y el pueblo pidió ayuda a Nehemías. En un ejemplo claro de liderazgo valiente, dijo: "Entonces lo medité, y reprendí a los nobles y a los oficiales" (Nehemías 5:7). A menudo, un líder piadoso debe tomar decisiones unilaterales con base en lo que sabe que es correcto.

Para Nehemías, esto no fue fácil. Él necesitaba el apoyo de la clase alta en Jerusalén y sabía que la gente común tenía preocupaciones y necesidades legítimas. En este caso, la clase baja tenía la razón en cuanto a lo moral. Estaba mal que los hermanos sacaran ventaja entre sí. La hermandad judía era sagrada y el pueblo debía cuidarse unos a otros. De manera que Nehemías convocó una asamblea pública y apeló a los nobles desde una perspectiva ética. Hacerlo les permitió retener su dignidad al prometer hacer lo correcto delante de todo el pueblo. Esto también aseguró que cumplieran su promesa, ya que ahora debían rendir cuentas públicas. La estrategia de Nehemías funcionó. Él sabía lo que era necesario hacer. Meditó en su corazón y actuó.

Sacrificio: La valentía está orientada a los demás

Un segundo elemento del liderazgo valiente es el sacrificio personal. La primera vez que leí el libro de C. T. Studd, *The Chocolate Soldier, or, Heroism–the Lost Chord of Christianity*

[El soldado de chocolate o Heroísmo, el acorde perdido del cristianismo], me quedé fascinado. No pude dejar de leerlo porque comenzó con una acusación tan poderosa y violenta que me dejó preguntándome si me había saltado la primera parte del libro. Studd creció en un hogar adinerado y, en su juventud, fue considerado uno de los mejores jugadores de críquet de Inglaterra. Si alguno pudo haber disfrutado de una vida sencilla, ese fue Studd. Cuán fácil le habría sido seguir donde Dios lo había colocado, deslizándose con gracia por esta corta vida y hacia la eternidad. Sin embargo, eso no fue lo que quería Studd. Después de ir a China como misionero con Hudson Taylor, se despojó de las comodidades terrenales y tomó un estilo de vida sacrificial con el objetivo de servir a Cristo.

Escribió lo siguiente:

> Todo verdadero cristiano es un soldado de Cristo, un héroe por excelencia. Más valiente que los valientes, desprecia la suave seducción de la paz y su advertencia constante contra las dificultades, la enfermedad, el peligro y la muerte, a las que considera amigas del alma. ¡Cualquier otro cristiano es un cristiano de chocolate! Se disuelve en el agua y se derrite ante el mero olor del fuego. Es un "dulce". Un caramelo, una golosina. Vive su vida en un plato de cristal o en una caja de cartón, vestido con ropas tersas y un papelito blanco con volantes para preservar su tierna y delicada constitución.[1]

Al igual que C. T. Studd, Nehemías dio la espalda a las comodidades que Susa le ofrecía. Abandonó su estable puesto de

---

1. C. T. Studd, *The Chocolate Soldier, or, Heroism—The Lost Chord of Christianity* (Fort Washington, PA: Christian Literature Crusade, s.f.). Libro en inglés disponible en línea en http://www.gutenberg.org/ebooks/22331.

gobierno en la corte real y prefirió el rol de gobernador en una región que, aunque alguna vez fue el cuartel general del pueblo de Dios, ahora se había convertido en una región salvaje y desierta. Este cambio requirió mucho sacrificio.

Después de llegar a Israel, Nehemías continuó demostrando liderazgo sacrificial. Lo vemos en el episodio que mencionamos anteriormente, cuando enfrentó a los nobles con respecto a los préstamos que habían hecho a la gente común. Después de todo, él también era parte de la clase alta. Sus inversiones financieras también estaban en juego (Nehemías 5:10), lo que hizo aún más notable su mandato de perdonar deudas, ignorar los intereses y devolver las tierras que habían sido incautadas (v. 11). Fue una decisión que lo afectaba directamente. Sin embargo, estuvo dispuesto a sacrificar sus propias oportunidades financieras con tal de hacer lo correcto. Luego, para resaltar cuán en serio tomaba esto, Nehemías sacudió sus vestidos y afirmó: "Así sacuda Dios de su casa y de su trabajo a todo hombre que no cumpliere esto, y así sea sacudido y vacío" (v. 13).

Todo líder debe, en ocasiones, enfrentarse a los nobles y oficiales de su contexto. Estas situaciones a menudo implican decisiones difíciles. Con frecuencia, este tipo de valentía implica un precio importante, pero siempre es mejor hablar con la verdad. Se dice que Samuel Goldwyn, un famoso productor de cine (la "G" en MGM Studios) dijo en una ocasión: "No quiero ninguno que solo me diga que sí. Quiero que todos me digan la verdad, aun si les cuesta su trabajo". Un hombre sabio conoce la diferencia entre lo correcto y lo incorrecto; un líder sabio puede actuar con base en ese conocimiento, con determinación y decisión.

Nehemías fue un gran ejemplo de un líder sacrificial. Aunque era gobernador, no buscó servirse a sí mismo. En cambio, su meta fue servir a Dios mediante servir al pueblo. Su enfoque desinteresado estaba motivado por un temor piadoso del Señor. Él lo explicó así: "Los primeros gobernadores que fueron antes de mí abrumaron al pueblo, y tomaron de ellos por el pan y por el vino más de cuarenta siclos de plata, y aun sus criados se enseñoreaban del pueblo; pero yo no hice así, a causa del temor de Dios" (v. 15).

Una de las maneras en que Nehemías demostró un espíritu sacrificial fue en su salario. Como gobernador de la región, tenía el derecho de recibir una compensación regular por su trabajo para la estabilidad del imperio. Sin embargo, él se negó a recibir el pago. Hacer esto aligeraba la carga del pueblo, ya que sus impuestos habrían contribuido al salario de él. Sin embargo, el generoso gobernador fue más allá de esto: él tomó dinero de sus propios bolsillos para ayudar a cubrir las necesidades de quienes estaban a su alrededor.

El sacrificio de Nehemías no fue solo de naturaleza económica. Él trabajó de forma personal en la muralla, supervisó de manera directa, alentó al pueblo y peleó para protegerlo. Nunca tomó ventaja de su posición para obtener una ganancia personal. Él pudo haber elevado los impuestos, cargado al pueblo con el peso imposible de sus deudas, incautado propiedades y convertido a sus súbditos en esclavos. Pudo haber tomado a un grupo pequeño de líderes de la élite y los pudo haber enriquecido con la reconstrucción de Jerusalén, pero no lo hizo. En cambio, se negó a recibir una compensación. Todo esto lo hizo para aligerar el peso que abrumaba al pueblo.

La generosidad de Nehemías fue a expensas propias. Cualquiera puede ser un gran dador cuando se trata de dinero ajeno. Sin embargo, su hospitalidad fue sincera y salió de sus propios bolsillos. Esto fue lo que informó: "Ciento cincuenta judíos y oficiales, y los que venían de las naciones que había alrededor de nosotros, estaban a mi mesa" (v. 17). La carne y el vino eran caros, de manera que para evitar que el pueblo fuera cargado con la cuenta, él mismo la pagaba. Sin embargo, su sala de banquetes no estaba reservada para solo unos pocos. ¡El texto dice que alimentaba a más de ciento cincuenta personas todos los días! El liderazgo de Nehemías también fue ejemplar de otra manera. Él trabajó entre los edificadores y portaba su cuchara para construir y también una espada para defenderse de los enemigos. Podríamos decir que era un "obrero de piso". Este gobernador activo no se aprovechó del proyecto de infraestructura para acumular riquezas ni se distrajo del trabajo que se tenía que completar para buscar ganancias personales. En cambio, se presentó en el sitio de construcción y permaneció totalmente enfocado en servir a otros.

En esencia, Nehemías tenía una idea global de lo que faltaba por hacer. ¡No se trataba de él! Estaba dispuesto a sacrificarse por el bien común y, como resultado, logró cosas increíbles. Su legado no dependía de la autopreservación, sino más bien del servicio desinteresado. Y su valentía estaba arraigada en saber que, sin importar cuán grandes fueran las dificultades que enfrentara, Dios era aún más grande.

Fue en este sentido que C. T. Studd hizo notar la diferencia entre el hombre verdadero y el cristiano de "chocolate". Escribió: "Ni las dificultades, ni los peligros, ni la enfermedad, ni la muerte ni la división pueden detener al creyente de ejercer la voluntad de Dios, salvo a los que son de chocolate. Cuando se anuncia que hay un león en el camino, el verdadero cristiano responde con rapidez: 'Eso apenas llama mi atención; apenas si uno o dos osos más harían que valiera la pena ir'".[2] Ese es el tipo de valentía que caracterizó a Nehemías. Sin embargo, es importante notar que nunca se derivó de un orgullo necio ni de una bravuconería inmadura. En cambio, su determinación estaba arraigada en la fe. Él tenía confianza plena en Dios y dependía por completo solo en Él.

---

2. Ibid.

Fe: La valentía está orientada a Dios

La fe es el elemento más importante de la valentía que exalta a Dios. La fe depende completamente de Él y esto lo convierte en lo opuesto del orgullo que depende de sí mismo. La valentía motivada por el orgullo está concentrada en los premios temporales, en el enriquecimiento personal y en las opiniones de otros. Su ambición es obtener una recompensa en esta vida y en esta tierra. Sin embargo, la valentía que emana de la fe se preocupa por lo que Dios piensa. Su único deseo es la aprobación y la recompensa de Él.

Lo único que le preocupaba a Nehemías era realizar sus tareas conforme a la voluntad de Dios. No hay indicación de que el pueblo de Jerusalén apreciara por completo los sacrificios que hacía a su favor. Tampoco vemos que Nehemías haya buscado crear un monumento perdurable en honor a su grandeza. Él no estaba consumido por su propia gloria, sino por la de Dios. Fue rápido para afirmar que el poder de su éxito no estaba en sí mismo, sino en el Señor. Su valentía fue cultivada en la oración privada, mediante una dependencia humilde del Todopoderoso.

Él no oraba para que los demás reconocieran sus logros, sino más bien para que Dios se acordara de él conforme a "todo lo que [había hecho] por este pueblo" (5:19). Al pedir que Dios se acordara de él, Nehemías no pedía ayuda para la situación presente, sino más bien, repasaba las tareas cumplidas y pedía la recompensa que Dios promete a todos los que se sacrifican para la obra en su nombre y para su gloria. La única aprobación que realmente le importaba era la de Dios. Más que ser grande a los ojos de los hombres, él quería ser hallado fiel delante del Señor.

Además de esto, Nehemías oraba para que Dios se acordara de sus promesas a su pueblo. Él le recordó al Señor las palabras que Él mismo había hablado por medio de Moisés: "Si vosotros pecareis, yo os dispersaré por los pueblos; pero si os volviereis a mí, y guardareis mis mandamientos, y los pusiereis por obra, aunque vuestra dispersión fuere hasta el extremo de los cielos, de allí os recogeré, y os traeré al lugar que escogí para hacer habitar allí mi nombre" (Nehemías 1:8-9). Él le rogaba a Dios que recordara esa promesa y que la llevara a cabo.

Nehemías también instaba al pueblo a recordar la fidelidad de Dios hacia ellos, incluso cuando estaban siendo amenazados por sus enemigos. Él les dijo: "No temáis delante de ellos; acordaos del Señor, grande y temible, y pelead por vuestros hermanos, por vuestros hijos y por vuestras hijas, por vuestras mujeres y por vuestras casas" (4:14). Es interesante la mezcla de dependencia y de responsabilidad personal que encontramos lado a lado en este versículo. Por una parte, el pueblo debía confiar en el Señor. Por la otra, debían alistarse para pelear.

Él también pidió al Señor que protegiera al justo y que castigara al malvado. Incluso, mencionó a algunos malvados por nombre: Tobías, Sanbalat y la mentirosa profetisa Noadías. A veces, encontraba enemigos hasta donde menos se lo esperaba. Algunos de su propio pueblo, incluso de los sacerdotes, habían transgredido la ley de Moisés y corrompido el sacerdocio. Nehemías pidió a Dios que se acordara de ellos (13:29). Saber que Dios juzgaría un día a todos los malvados permitió a Nehemías dirigir con valor. El Señor tenía todo y a todos bajo su control soberano, incluyendo a los enemigos de Israel. Ningún pecador quedaría sin castigo, porque ningún pecado podía escapar a su atención.

La fe de Nehemías en Dios y su fidelidad a Él lo convirtieron en un líder valiente. Sus acciones eran constantemente motivadas por su lealtad al Señor. En las últimas reformas de su administración, reinstituyó los diezmos con que se pagaba a los levitas y a los músicos. Después, oró así: "Acuérdate de mí, oh Dios, en orden a esto, y no borres mis misericordias que hice en la casa de mi Dios, y en su servicio" (13:14).

Nehemías se mostró igualmente celoso por el día de reposo. De nuevo, su fidelidad al Señor motivó sus actos valientes. El pueblo no estaba guardando el día de reposo como Dios había mandado en Éxodo 20:8, de manera que él puso fin a todo tipo de comercio en ese día. Incluso puso a sus siervos a las puertas de Jerusalén para impedir que cualquier comerciante entrara a la ciudad hasta el final del día de reposo. Su oración subsecuente reflejó el deseo de su corazón de agradar al Señor: "También por esto acuérdate de mí, Dios mío, y perdóname según la grandeza de tu misericordia" (13:22).

Cuando descubrió que los sacerdotes judíos se habían casado con mujeres paganas, su fidelidad a Dios despertó su pasión por la pureza del pueblo de Dios. Su respuesta fue intensa, al punto de llegar a los golpes. Puede que los demás hayan pensado que estaba exagerando, pero su motivación era pura y su misión, justa; estaba ansioso por proteger al sacerdocio de cualquier profanación pagana. Después de cumplir su meta, Nehemías invocó una vez más a Dios y le pidió que se acordara de él. Las últimas palabras del libro forman su oración final: "Acuérdate de mí, Dios mío, para bien". Al igual que el resto de su vida, las últimas palabras de Nehemías estaban centradas en Dios y llenas de fe.

LA FUENTE DE LA VALENTÍA DE NEHEMÍAS

Mientras más era probada la fe de Nehemías, más fuerte se volvía. Esto es porque su fe no estaba cimentada en sí mismo, sino en Dios. Lo mismo debe ser verdad de nosotros. Cuando nuestra esperanza está anclada en el Señor, podemos tener el valor para enfrentar cualquier circunstancia. El salmista oró de esta manera: "En el día que temo, yo en ti confío. En Dios alabaré su palabra; en Dios he confiado; no temeré; ¿qué puede hacerme el hombre?" (Salmos 56:3-4). Nuestros miedos más grandes se desvanecen cuando consideramos que Dios está de nuestro lado (Romanos 8:31).

Como los mariscales de campo en el fútbol americano, Nehemías de seguro sintió la presencia de peligro muy cerca al colocar su línea ofensiva. Sin embargo, esto no le impidió seguir fiel a la tarea que debía realizar y permaneció "en la bolsa de protección" el tiempo suficiente como para completar la jugada. Armado con una fe centrada en Dios, ningún temor pudo vencerlo.

Nehemías encarna el liderazgo valiente de un hombre piadoso. Él mantuvo la compostura en situaciones de tremenda presión y actuó con decisión según sus convicciones. Sabía el precio del verdadero liderazgo y sirvió a su pueblo con integridad y sacrificio. Finalmente, mantuvo sus ojos en el galardón celestial y buscó al Señor para obtener su reconocimiento definitivo. Después de todo, como bien lo sabía, los elogios vanos del hombre se olvidan rápidamente, pero la recompensa de Dios nunca se desvanece.

PREGUNTAS DE REFLEXIÓN PERSONAL

1. ¿Qué fue lo más interesante que aprendiste sobre la vida de Nehemías en este capítulo?
2. ¿De qué formas demuestra Nehemías valentía y liderazgo?
3. Según la historia de Nehemías, ¿de qué manera la dependencia de Dios se convierte en un liderazgo fuerte? En tu propia vida, ¿cómo afecta tu fe tu valentía?
4. ¿Por qué es vital una convicción constante para liderar con valentía? ¿Qué convicciones te gustaría fortalecer en tu vida?
5. Cuando el ejercicio del liderazgo valiente requiere sacrificio, ¿estás dispuesto a proceder? ¿Hay algún punto en que el varón cristiano deba considerar que el sacrificio es "demasiado elevado"? ¿Por qué sí o por qué no?

6. Lee los "Pasajes bíblicos para profundizar más". Al hacerlo, menciona de qué forma cada pasaje afirma, aclara o aplica las verdades que has aprendido en la lectura de este capítulo. ¿Algún otro versículo te viene a la mente?

PASAJES BÍBLICOS PARA PROFUNDIZAR MÁS

Deuteronomio 31:6; Josué 1:1, 6-9; 1 Crónicas 22:11-13; Salmos 27:13-14; Salmos 31:23-24; 1 Corintios 16:13-14; 2 Corintios 5:6-9; Filipenses 1:20-21.

10

El hombre verdadero ama a su esposa

Lecciones de la vida de Pedro

Rich Gregory

Probablemente era cerca del mediodía aquel día de reposo cuando Jesús y cuatro de sus discípulos regresaron de su corta caminata de la sinagoga a la casa de Pedro. El Señor recién había terminado de enseñar en el servicio matutino, y la congregación se había sorprendido tanto por la autoridad de su instrucción como por su poder sobre los demonios. Cuando el grupo llegó a la casa de Pedro, vieron a su joven esposa, arreglándoselas a duras penas para tener lista la comida por sí sola porque su madre estaba en cama, terriblemente enferma y con fiebre. Al entrar los hombres en la habitación, el bullicio de emoción que pendía sobre la aldea de Capernaúm se detuvo de forma abrupta en la puerta. Jesús sabía la causa y, aunque era día de reposo, puso el bienestar de la suegra de Pedro por encima de las restricciones legalistas de los líderes religiosos judíos. El Evangelio de Marcos documenta lo siguiente: "Entonces él se acercó, y la tomó de la mano y la levantó; e inmediatamente le dejó la fiebre, y ella les servía" (Marcos 1:31). Al sanar a la suegra de Pedro antes de que la comida estuviera servida, Jesús ministró tanto a ella como a la esposa de Pedro. La joven no solo recibió a su madre en plena salud, sino también la ayuda que necesitaba para servir la comida de la tarde.

En este acto de sanación, la bondad y el amor de Jesús fueron observados por al menos seis personas en esa habitación. De seguro que ninguno de ellos prestó más atención que la esposa de Pedro. Tal vez, le era difícil no comparar el carácter perfecto y amoroso de Jesús con la naturaleza brusca y directa de su pecador esposo. Esa noche, ella sería testigo una vez más de la compasión y misericordia del Señor. Al caer la tarde, Jesús se puso a la puerta de su casa y sanó a los que habían estado esperando todo el día, conforme a la ley del día de reposo. Aunque Jesús estaba cansado de la enseñanza de la mañana, seguía dispuesto a tomarse el tiempo para demostrar cuidado y ternura por la multitud que se había reunido. De hecho, era fácil ver que, en comparación con Cristo, Pedro (y cualquier otro, para ser honestos) se quedaba terriblemente corto.

En los Evangelios, las Escrituras nos revelan a un Pedro audaz, más bien impulsivo, que una y otra vez sobrepasaba los límites de la decencia verbal. Sus palabras directas fueron a menudo objeto de la represión amorosa de Cristo. Cuando Pedro se jactó de que podía perdonar a su hermano "hasta siete" veces, Jesús lo corrigió en amor: "No te digo hasta siete, sino aun hasta setenta veces siete" (Mateo 18:21-22). Cuando la fe arrogante de su discípulo se tambaleó en medio de una fuerte tormenta en el Mar de Galilea, Jesús lo tomó de la mano y le dijo con firmeza: "¡Hombre de poca fe! ¿Por qué dudaste?" (Mateo 14:31). La demostración más explícita de la audacia de Pedro fue cuando tuvo el descaro de reprender a Jesús por hablar de su inminente crucifixión. La respuesta del Señor fue rápida y directa: "Me eres tropiezo, porque no pones la mira en las cosas de Dios, sino en las de los hombres" (Mateo 16:23). De estos pocos ejemplos, podemos ver claramente que Pedro no era un pescador dulce y echado para atrás. Aunque amaba a su Señor profundamente, también era agresivo, impetuoso y testarudo.

Pedro vivía en un mundo que consideraba a la mujer inferior al hombre. El enunciado rabínico: "Bendito eres tú, oh Señor, Dios nuestro, que no me has hecho mujer" resume el machismo que dominaba su época. Es muy probable que Pedro haya sido influenciado por las actitudes y los prejuicios de su sociedad dominada por el sexo masculino. Dada la personalidad de Pedro y lo generalizado del sesgo cultural, no es difícil ver el potencial para problemas en su relación matrimonial.

Al igual que la mayoría de los hombres con buenas intenciones, indudablemente Pedro amaba a su esposa, pero realmente no entendía cómo debía reflejarse esto en la práctica. Al menos, todavía no. Jesús, que se convirtió en el ejemplo de amor bíblico en la vida de Pedro, recién comenzaba su ministerio (esto significa que el testarudo discípulo aún tenía mucho que aprender). La increíble sanación de la suegra de Pedro fue uno de sus primeros milagros. En ese día inolvidable, la esposa de Pedro pudo haberse hecho una pregunta que muchas esposas han preguntado hasta la fecha: *¿Por qué mi esposo no puede ser más como Jesús?*

Sin embargo, durante los siguientes años, Pedro fue transformado por el amor de Cristo, un amor que humilló su orgullo, limó su tosquedad, perdonó su pecado y salvó su alma. Nadie sintió la maravilla de esta transformación de forma más dramática que su esposa. Para el final del ministerio apostólico de Pedro, ella no solo viajaba con él (1 Corintios 9:5), sino que también su amor por ella había crecido hasta el punto en que pudo instruir a otros hombres sobre lo que significaba amar de verdad a su esposa. En 1 Pedro 3:7, el ablandado apóstol, bajo la guía del Espíritu Santo y a partir de su propia experiencia de vida, dio el siguiente mandato: "Vosotros, maridos, igualmente, vivid con ellas sabiamente, dando honor a la mujer como a vaso más frágil, y como a coherederas de la gracia de la vida, para que vuestras oraciones no tengan estorbo".

Ya que aprendió la verdadera definición de amor de Cristo mismo, Pedro expresó con brevedad una vida entera de sabiduría matrimonial en un solo versículo. Él escribió con el objetivo de animar a los esposos cristianos con un recordatorio profundo de que los hombres verdaderos aman a su esposa. Para hacer esto, deben demostrar *sabiduría* y *honor*.

SABIDURÍA: LO QUE DEBE SABER EL ESPOSO

Pedro comienza su instrucción a los esposos cristianos con este corto mandato: "Vivid con ellas sabiamente". Una traducción más literal de la frase sería: "Vivid con ellas conforme a conocimiento". ¿A qué conocimiento se refiere aquí el apóstol? La respuesta es abarcadora e implica dos aspectos: Los esposos deben *conocer* a su esposa y también deben *conocer* al Señor.

En primer lugar, el esposo cristiano debe conocer a su esposa. Debe esforzarse por conocer su personalidad, su carácter, sus necesidades y sus anhelos. Esto requiere invertir en los fundamentos más básicos de una relación: desde prestar atención hasta saber escuchar y demostrar un interés sincero en ella y en su bienestar. En segundo lugar, el esposo debe conocer a Dios y su Palabra. El conocimiento de Dios es lo que permite que un esposo se relacione con su esposa de manera que le sean dados a conocer los caminos de Dios. Solo un esposo que conoce su Biblia y a su esposa mucho más allá de lo superficial podrá pastorearla con eficacia hacia la piedad.

El propósito principal de Dios en el matrimonio es que tanto el esposo como la esposa crezcan en santificación mediante su amor por Él y por el otro. En esto, el esposo ha recibido el rol de líder. El apóstol Pablo explicó esta verdad en Efesios 5:22-33, un pasaje paralelo a 1 Pedro 3:7. Allí, Pablo escribió: "Maridos, amad a vuestras mujeres, así como Cristo amó a la iglesia, y se entregó a sí mismo por ella, para santificarla, habiéndola purificado en el lavamiento del agua por la palabra" (vv. 25-26). El amor del esposo por su esposa debe reflejar el amor de Cristo por la iglesia, y el cariño del Señor por su novia es sacrificial y también purificador. Un autor explica estos versículos de la siguiente manera:

> El amor solo quiere lo mejor para aquel a quien ama, y no puede tolerar que un ser amado se corrompa o desvíe por cualquier cosa maligna o dañina. Cuando el amor de un esposo por su esposa es como el amor de Cristo por su iglesia, va a procurar de manera continua ayudar a purificarla de cualquier clase de impureza y vicio. Se esforzará en protegerla de la contaminación del mundo y en proteger su santidad, virtud y pureza de todas las formas posibles. Nunca la inducirá a hacer algo insensato ni la expondrá a algo que no sea bueno para ella.[1]

El esposo cristiano tiene el llamado de guiar a su esposa en santidad, de pastorearla en la sabiduría bíblica y de protegerla de las influencias del mundo. Esto lo logrará si busca honrar el propósito de Dios para el matrimonio, alienta a su esposa en su caminar con Cristo y crea un ambiente en el que pueda crecer en lo espiritual. Por supuesto que esto comienza con el tiempo devocional del propio esposo. Su vida debe ser un ejemplo de piedad, de manera que la esposa se sienta atraída a la belleza de Cristo que ve demostrada todos los días en él.

Cuando la meta es el crecimiento espiritual, no hay lugar para palabras iracundas ni acciones desconsideradas. Estos

---

1. John MacArthur, *Efesios* (Grand Rapids, MI: Portavoz, 2010), 364.

comportamientos pecaminosos, aunque son comunes en muchos esposos, no honran el propósito de Dios para el matrimonio. El esposo piadoso, que entiende a su esposa y la Palabra de Dios, responde con paciencia y actúa con propósito. Su meta es dirigirla en piedad mediante una demostración del amor de Cristo. Este amor es desinteresado y santificador.

El mandamiento de Pedro: "vivid con ellas sabiamente" es seguido de una explicación de por qué esto es tan importante: "como a vaso más frágil". Al principio, esta frase podría sonar degradante o despectiva, pero de hecho es exactamente lo opuesto. El apóstol no está sugiriendo que la mujer es emocional o intelectualmente inferior que su marido; en cambio, está haciendo notar que las mujeres están en una posición de vulnerabilidad y que, por tanto, deben ser protegidas. En lo físico, no son tan fuertes como sus maridos en general. En lo espiritual, son plenamente iguales en Cristo, pero aun así son llamadas a someterse al liderazgo del esposo (Efesios 5:22). En lo cultural, las mujeres a menudo eran denigradas en la sociedad a la que Pedro escribió. En la cultura de la antigua Roma, no era inusual que los esposos dominaran y subyugaran a su esposa y hasta abusaran físicamente de ella. Por tanto, el mandato contracultural de Pedro a los esposos del siglo I era inconfundible: "Nunca utilices tu fuerza física, tu autoridad dada por Dios ni tu estatus social para sacar ventaja de tu esposa. Nunca abuses de tu posición de fortaleza. En cambio, ama a tu esposa de una manera que demuestre un cuidado y entendimiento genuinos". Este recordatorio sigue siendo indispensable en los matrimonios cristianos en la actualidad (cp. Colosenses 3:19), a medida que los esposos recuerdan que la sumisión de su esposa es un hermoso reflejo de la humildad de Cristo ante Dios el Padre (Filipenses 2:3-8).

El esposo bondadoso utiliza su fuerza, no para lastimar a su esposa, sino para *protegerla* y para *proveer* para ella. Esto va más allá de la protección física y de la provisión material a todos los ámbitos de la vida. En lo económico, el esposo es responsable de cuidar a su esposa mediante el trabajo arduo y mediante decisiones responsables. En lo emocional, debe tomarse el tiempo para escucharla y para recordarle su amor. En lo espiritual, debe vigilar en oración ante el error y las tentaciones, no solo en su propia vida, sino también en la de ella. En lo cultural, debe proteger su hogar contra la infiltración de influencias impías, ya sean amistades no sabias o formas de entretenimiento mundanas. En todo esto, el esposo debe buscar lo mejor para su esposa: demostrarle el amor de Cristo mediante su propio servicio desinteresado. Para el esposo cristiano, proteger a su esposa va mucho más allá de meramente caminar junto a ella del lado de la acera que da a la calle.

HONOR: LO QUE DEBE DEMOSTRAR EL ESPOSO

La exhortación de Pedro continúa con una segunda instrucción: "dando honor a la mujer [...] como a coherederas de la gracia de la vida, para que vuestras oraciones no tengan estorbo". El esposo no solo tiene el mandamiento de *entender* a su esposa, sino también de *honrarla*. En una sociedad en la que las mujeres eran tratadas a menudo como ciudadanas de segunda clase, Pedro exhorta a los esposos cristianos a actuar de forma diferente. Les dice que no las menosprecien, sino que las honren. El esposo piadoso no desprecia ni maltrata a su esposa. En cambio, la respeta como su más dulce compañera y la atesora como regalo de parte de Dios. Pablo escribió esto en Efesios 5:28-29: "Así también los maridos deben amar a sus mujeres como a sus mismos cuerpos. El que ama a su mujer, a sí mismo se ama. Porque nadie aborreció jamás a su propia carne, sino que la sustenta y la cuida, como también Cristo a la iglesia".

La descripción de Pedro de las esposas cristianas como "coherederas de la gracia de la vida" debía recordar a sus lectores que el esposo y la esposa están en la misma posición delante de Cristo. Los hombres deben tratar a su esposa como tal y reconocer que "las esposas, al igual que los maridos, creen en el mismo Salvador, han sido redimidos por el mismo precio, viven bajo la misma gracia y anticipan el mismo destino eterno".[2] Algún día, ambos se presentarán delante de Dios y cada uno recibirá la herencia prometida y la recompensa eterna (cp. 1 Pedro 1:4). En especial, el esposo dará cuenta por la forma en que pastoreó a su esposa. Él es el líder del hogar y su responsabilidad gozosa es encaminarla hacia Cristo hasta que ella conozca a su Salvador cara a cara en el cielo.

Al final del versículo 7, Pedro agregó un último recordatorio y motivación: "Para que vuestras oraciones no tengan estorbo". ¡Qué exhortación tan solemne! Cuando el esposo ignora su obligación de amar de forma adecuada a su esposa, rechaza también el modelo de amor que Dios ha dado en la persona de Jesucristo. Tal como lo aprendió Pedro, la demostración del amor de Cristo es la piedra angular en la que se fundamenta la relación personal con Dios. El punto de Pedro es que, cuando el esposo se niega a demostrar el mismo amor, está cometiendo hipocresía y esto afecta de forma directa su comunión con Dios. Un comentarista escribió lo siguiente:

> Ninguna amenaza divina más seria que [esta] podría darse a un creyente: la interrupción de todas las promesas de oraciones oídas y contestadas (cp. Jn. 14:13-14). El corte de la bendición es gravísimo, lo que demuestra cuán importante es el tierno cuidado que los esposos cristianos deben dar a sus compañeras en esta gracia de la vida.[3]

---

2. D. Edmond Hiebert, *1 Peter* (Winona Lake, IN: BMH Books, 1992), 207.
3. John MacArthur, *1 Pedro a Judas* (Grand Rapids, MI: Portavoz, 2017), 180.

Este recordatorio es una fuerte advertencia para cualquier hombre que se vea tentado a abusar del rol de liderazgo que Dios le ha dado.

UN REFLEJO DEL AMOR DE CRISTO

Tal como lo descubrió Pedro en el transcurso de su vida, los hombres verdaderos aman a su esposa de una manera que refleja el amor de Cristo. Esto lo hacen viviendo con ellas con sabiduría y mostrándoles honor y bondad. El resultado de ese tipo de amor no solo es un matrimonio feliz, sino también uno que da gloria a Dios.

La responsabilidad dada al esposo no debe ser tomada a la ligera. Su llamado es pastorear, proveer, proteger y dirigir. Esto requiere amor, sacrificio, humildad y diligencia. En última instancia, significa poner la vista en el cielo y proponerse vivir todos los días a la luz de esta herencia futura. Mientras tanto, debemos descansar en la gracia de Dios, porque sabemos que lo mejor de las relaciones humanas solo puede disfrutarse plenamente a la luz de nuestra relación con Él.

Aunque está lleno de responsabilidades, un matrimonio fundamentado en el amor de Cristo es una bendición profunda y un regalo increíble de parte de Dios. El resultado inevitable es una unión espiritual gozosa que va más allá del ámbito físico y emocional. Ninguna relación humana es más profunda ni más cercana que el matrimonio cristiano, en el que un esposo y una esposa caminan juntos en amor y atraviesan la vida al unísono delante de su Creador y Salvador.

Por supuesto que ningún esposo puede vivir como Dios manda sin haber experimentado antes el amor transformador de Cristo. La salvación es el punto de partida para el amor verdadero. Ciertamente, Pedro entendió esto. Antes de conocer a Jesús, no entendía la naturaleza del amor, del perdón, de la humildad ni del sacrificio. Era rudo, impulsivo, testarudo y directo. Sin embargo, cuando conoció al Salvador, vio al amor personificado y su vida comenzó a cambiar.

Sin embargo, él no entendería por completo las profundades del amor hasta la cruz. En aquel día inolvidable, unas pocas horas después que Pedro lo negó, el Salvador murió por sus pecados, y no solo por los suyos, sino también por los de todos los que habían de creer. El amor de Cristo, demostrado en el Calvario, revolucionó para siempre la vida de Pedro. Después de la resurrección, sería restaurado por Jesús (Juan 21:15-23) y recibiría el poder para un servicio cristiano dramático (cp. Hechos 1–12).

Varias décadas más tarde, al escribir para alentar a los creyentes en Asia Menor, hizo una breve pausa para recordar a los maridos cómo debían amar a su esposa. Ya que había experimentado el amor de Cristo, él instruyó a sus lectores a reflejar ese mismo amor en su matrimonio.

EL PODER TRANSFORMADOR DE CRISTO

Han pasado casi cuarenta años desde aquel memorable día en Capernaúm cuando la esposa de Pedro de seguro deseó que su esposo fuera más como Jesús. Tantas cosas han pasado desde entonces. Pedro ha sido transformado por el Señor y usado con poder para dirigir la iglesia. Su esposa ha sido testigo de la increíble transformación, de ser un brusco pescador a ser un hombre piadoso y un esposo amoroso. Todo esto sucedió mientras ministraban juntos en ciudades como Jerusalén, Antioquía y Roma.

Ahora, el fiel apóstol morirá como mártir para Cristo. La tradición de la iglesia nos dice que, incluso en este momento dramático, su esposa estuvo allí con él. Mientras Pedro estaba siendo preparado por los verdugos para su muerte inminente, su esposa, también condenada a muerte, fue llevada delante de él. Según Clemente de Alejandría, un líder de la iglesia del siglo II, "Se nos dice que, cuando el bendito Pedro vio que su esposa era conducida a la muerte, se alegró de que el llamado de ella hubiera llegado y de que estuviera ya de camino a casa, de manera que le habló por nombre con palabras de aliento y de consuelo: 'Querida, recuerda al Señor'".[4]

Entonces, tomaron a Pedro y lo clavaron en una cruz, en donde derramaría su sangre como testigo del evangelio. Como no se sintió digno de morir de la misma manera que Cristo, pidió que lo crucificaran de cabeza.[5] Al captar un último vistazo de él, la esposa de Pedro no vio ya más a un hombre egoísta enfocado en sus propios anhelos, motivaciones y planes. En cambio, vio a su amado esposo dispuesto a morir por su Señor, que calmaba sus propios temores y la animaba a permanecer fiel hasta el final.

Aquellos viejos pensamientos de *¿Por qué no puede amar como Jesús amó?* se habían convertido ya en un dulce recuerdo, en un monumento al poder transformador de Cristo. Incluso en los momentos antes de morir, Pedro le recordó el amor de Cristo. Pronto, los dos estarían en la gloria. Estaban "de camino a casa", tal como él le había recordado dulcemente. Con estas palabras finales, él cumplía con fidelidad su deber de amar a su esposa como todo esposo cristiano debía hacerlo: conduciéndola más y más hacia Cristo hasta el día de ir al cielo. Pronto, serían recompensados como coherederos de la herencia prometida.

Cuando el corazón de Pedro dejó de latir y dio su primer paso en la gloria, la transformación de su vida fue completada. Ahora, de pie en perfección y sin pecado en la presencia de su Salvador, Pedro finalmente entendió la realidad del amor en su máxima expresión.

---

4. Clemente de Alejandría, *Miscellanies Book VII*, eds. Fenton John Anthoy Hort y Joseph B. Mayor (Londres: MacMillan, 1902), 140.

5. Cp. Eusebio de Cesarea, *Historia eclesiástica*, trad. Agimiro Velasco-Delgado (Madrid: Biblioteca de Autores Cristianos, 2008), 120.

PREGUNTAS DE REFLEXIÓN PERSONAL

1. ¿Qué fue lo más interesante que aprendiste sobre la vida de Pedro en este capítulo?
2. Según este capítulo, ¿cuál fue el catalizador en la vida de Pedro que le permitió amar de forma adecuada a su esposa? ¿Por qué es importante esto?
3. Si estás casado, ¿de qué maneras tu conocimiento y reflejo de Dios atraen a tu esposa a Él? ¿Qué cosas prácticas estás haciendo (o puedes hacer) para pastorear su corazón hacia la semejanza a Cristo?
4. Si le preguntaras a tu esposa si siente que le muestras sabiduría y honra adecuadas, ¿cuál sería su respuesta? ¿En qué áreas piensas que puedes mejorar?
5. ¿De qué formas consideras que tu amor por tu esposa debe ejemplificar el amor de Cristo?
6. Lee los "Pasajes bíblicos para profundizar más". Al hacerlo, menciona de qué forma cada pasaje afirma, aclara o aplica las verdades que has aprendido en la lectura de este capítulo. ¿Algún otro versículo te viene a la mente?

PASAJES BÍBLICOS PARA PROFUNDIZAR MÁS

Génesis 2:22-24; Proverbios 5:15, 18-19; Proverbios 18:22; Proverbios 31:10-12, 28-30; Efesios 5:25, 28-33; Colosenses 3:19; 1 Pedro 3:7.

11

El hombre verdadero pastorea a su familia

Lecciones de Efesios 5–6

Jim Pile

Recientemente, nuestra familia se reunió en torno a la mesa para cantar "Feliz cumpleaños" a nuestra hija mayor. Era difícil creer que había cumplido veinticuatro años. Al cantar, no pude más que recordar todo lo que el Señor me había enseñado durante estos años de ser padre. Dos docenas de años antes, como un nuevo papá, no tenía ni idea de lo mucho que necesitaba aprender ni de cuánto me enseñaría sobre la paternidad esta pequeña bolita de gozo.

Tal vez, la lección más importante que tenía que aprender es que el campo misionero comienza en casa. En Mateo 28:19-20, Jesús dijo a sus seguidores: "Vayan, pues, y hagan discípulos de todas las naciones, bautizándolos en el nombre del Padre y del Hijo y del Espíritu Santo, enseñándoles a guardar todo lo que les he mandado" (NBLA). El mandato de hacer discípulos no solo incluye a las misiones mundiales, sino que también aplica directamente a la familia. Allí es donde debe comenzar nuestra formación de discípulos: en el hogar. Por eso es tan importante pastorear a nuestros hijos. Después de todo, la familia es el instrumento de Dios para heredar la fe, la justicia y la verdad de una generación a la siguiente (Deuteronomio 4:9; 6:4-7).

Así pues, ¿cómo podemos asegurarnos de que estamos pastoreando a nuestra familia de la manera correcta? ¿Qué podemos hacer para criar a nuestros hijos con eficiencia en la disciplina e instrucción del Señor? La respuesta comienza con nuestra propia santificación. Nuestro desempeño como padres es un reflejo de nuestro caminar personal con Cristo. Por tanto, antes de poder crecer como padres, debemos asegurarnos de estar creciendo en obediencia a nuestro Padre celestial. Esto sucede cuando nos despojamos de las obras de la carne y nos vestimos de la mente de Cristo (Efesios 4:22-24).

En la primera mitad de este capítulo, estudiaremos algunos de los pecados que comúnmente se manifiestan en las relaciones familiares. Luego, en la segunda mitad, consideraremos varias claves para edificar un fundamento sólido para la piedad en tu desempeño como padre. Comencemos considerando las tres trampas o tentaciones que los padres cristianos enfrentan con frecuencia.

PECADOS QUE LASTIMAN LAS RELACIONES FAMILIARES

Trampa 1: El orgullo

El pecado más grande con el que luchan los hombre es el orgullo. Este es el vicio que yace detrás de todos los demás pecados y puede manifestarse de formas incontables en nuestras relaciones familiares. Incluso como creyentes redimidos del pecado, continuamente lucharemos contra el orgullo (Romanos 7:15-21). De hecho, podemos demostrar orgullo sin siquiera darnos cuenta de ello. Una persona comentó: "El orgullo es la primera camisa que nos ponemos en la mañana y la última que nos quitamos en la noche". Es un problema generalizado que debemos tomar en serio: debemos hacer morir su presencia en nuestra vida antes de poder relacionarnos de forma adecuada con Dios y con los demás (1 Pedro 5:5).

Para la mayoría de los hombres, hay varias maneras "clásicas" en las que el orgullo puede manifestarse en las relaciones familiares. A menudo, se manifiesta de maneras específicas en el matrimonio o en la crianza de los hijos, como no vivir con sabiduría con la esposa (1 Pedro 3:7) o responder a los hijos con una actitud de irritación o de impaciencia. En otras ocasiones, el orgullo se evidencia de manera más general, tal vez en un espíritu demasiado competitivo, en una disposición al juicio, en el descontentamiento, en la autocompasión o en la tendencia a agradar a los demás.

Es importante notar que el orgullo también puede manifestarse en una indisposición para pedir perdón. Algunos hombres tienen la actitud de que no pueden equivocarse y exigen la obediencia de su esposa y de sus hijos con mandamientos abruptos como: "¡Haz lo que se te pide!". Gobiernan sobre sus familias como dictadores y suprimen la retroalimentación honesta. Sus hijos no les abren su corazón porque, como a veces escuchamos, "Si Papá nunca admite que se equivoca, ¿por qué debo yo sincerarme con él?". Este tipo de arrogancia tosca crea una atmósfera de hipocresía en el hogar y de amargura en la familia. Los hijos que crecen en hogares como este no verán su necesidad de Cristo porque han visto un estándar falso de justicia (1 Juan 2:4). En contraste, un padre verdaderamente humilde deja claro que es un pecador salvado por gracia y que depende por completo de Cristo y su justicia.

Aquí tienes un ejercicio práctico para matar el orgullo: pide a tu esposa que identifique el problema espiritual más grande que le gustaría que trabajaras y, luego, manos a la obra (1 Timoteo 4:7-8).

Hacer morir el pecado del orgullo en tu vida es crucial para poder disfrutar de relaciones que de verdad honren a Dios. Es importante que nunca olvidemos que Dios resiste a los soberbios y da gracia a los humildes (Proverbios 3:34; Santiago 4:6).

Trampa 2: Las ocupaciones

A través de los años como pastor, he visto cómo muchos hombres se vuelven perezosos e indisciplinados con respecto a su relación con el Señor y también a su responsabilidad de pastorear a su familia. Esta negligencia a menudo surge de una ocupación pecaminosa, como la carrera, los pasatiempos, el entretenimiento y otras ambiciones personales que reciben una atención desbalanceada. En el proceso, la familia queda relegada y el resultado es desastroso.

Las ocupaciones pecaminosas del hombre conducirán a un aislamiento cada vez mayor de su esposa y de sus hijos. Con el tiempo, estas relaciones se deteriorarán y puede que se pierdan por completo. Años más tarde, con la familia hecha pedazos, el hombre negligente considera el resultado y se pregunta: *¿Cómo sucedió esto?* Lo trágico es que él es el culpable principal. Como nunca hizo el esfuerzo necesario para fomentar vínculos familiares fuertes, termina totalmente solo, sin ningún consuelo más que sus huecas ambiciones. Sin embargo, para este punto, es demasiado tarde; el daño ya ha sido hecho.

La triste realidad es que muchos hombres no están dispuestos a tomarse el tiempo para invertir su propia vida espiritual y relacional en su esposa y en sus hijos. No desean hacer el esfuerzo para pastorear a su familia y, por tanto, esquivan las responsabilidades que Dios les ha dado. Todos hemos visto estudios que nos hablan de cómo el padre estadounidense promedio dedica tan solo uno o dos minutos a sus hijos cada día. Cuando los hombres buscan sus propios intereses a expensas de su familia, es inevitable que sus hijos sean criados por algo o alguien más (por ejemplo, por la computadora o la televisión). Las familias cristianas no son inmunes a esto. Papá puede estar tan consumido por su trabajo o por su pasatiempo favorito que casi no está en casa. Cuando sí lo está, lo único que hace es hablar por teléfono, mirar televisión o navegar en internet. Mientras tanto, su esposa y sus hijos piden a gritos su atención, pero él ni siquiera se da cuenta, perdido en su propio mundito, hasta que la familia se derrumba. Como padres cristianos, no debemos permitir que los patrones de las ocupaciones nos roben tiempo con nuestra familia.

Trampa 3: La ira

La impaciencia, la irritación, la frustración y las palabras duras son indicadores de un corazón iracundo, un corazón rápido para combatir y luchar (Santiago 4:2) cuando no obtiene lo que desea. La ira es una forma de autoadoración: la persona iracunda se niega a tolerar cualquier persona o circunstancia que no se conforme a sus deseos o instrucciones egoístas. Toma toda ofensa de forma personal y a menudo reacciona con fuerza y, a veces, hasta con violencia. Sin embargo, como nos lo enseñan las Escrituras, "la ira del hombre no obra la justicia de Dios" (Santiago 1:20).

Muchas veces, el varón se siente tentado a enojarse cuando siente que su esposa o sus hijos no le responden de la manera que cree que deberían hacerlo. Estas expectativas sin cumplir hacen brotar sus emociones y, entonces, se aíra. Aunque la manifestación visible de la ira puede ser en tratos totalmente diferentes, desde estallidos descontrolados hasta silencio manipulador, la raíz pecaminosa es la misma. El esposo y padre piadoso se esfuerza por despojarse de la ira y, al mismo tiempo, de vestirse de su opuesto, el fruto del Espíritu: amor, gozo, paz, paciencia, benignidad, bondad, fe, mansedumbre, templanza (Gálatas 5:22-23).

No debemos olvidar que, dado nuestro lugar como cabezas de familia, nuestros hijos observan y aprenden de nuestro ejemplo. Cuando nos formamos el hábito de racionalizar nuestra ira (con frases como: "No estaba enojado; sencillamente fui firme" o "No me habría molestado tanto si tú no hubieras ____"), estamos enseñando a nuestros que la ira es excusable. Sin embargo, la ira pecaminosa nunca está justificada, sin importar lo que haya dicho tu esposa ni lo desobedientes que sean tus hijos. Si permites que se formen patrones de ira con el tiempo, los resultados pueden ser devastadores para tu familia.

Considera el ejemplo de Tom, un hombre que se dice cristiano en una iglesia evangélica típica en Estados Unidos. Él lleva casado ocho años con quien estuvo enamorado en su infancia y tienen tres hijos. Dios lo ha bendecido con un buen trabajo y con un hogar cómodo y sirve en la iglesia como maestro de escuela dominical. Desde afuera, parecería que vive el sueño americano. Sin embargo, detrás de esta máscara de éxito, existe un problema de toda la vida de impaciencia e ira hacia su esposa. Y, cuando Tom no obtiene los resultados que quiere, como la aprobación de su jefe, el afecto de su esposa o la obediencia de sus hijos, explota. Para su familia, es como vivir en la ladera de un volcán activo.

Lo que Tom está enseñando a sus hijos con este estilo de vida iracundo y egoísta es que la única manera de resolver un problema es ganar a toda costa. No importa quién salga lastimado en el proceso, porque está enfocado en controlar cada aspecto de su vida. Los hijos que crecen bajo ese tipo de liderazgo carecen de los recursos bíblicos necesarios para resolver de forma pacífica los desacuerdos y los conflictos (Colosenses 3:12-15). Además, están expuestos a diario a una inconsistencia evidente en la forma en que su padre se comporta en la iglesia y en casa. Con frecuencia, esa clase de hipocresía es una piedra de tropiezo que les impide recibir el evangelio.

DE LAS TRAMPAS A LA VERDAD

¿Cómo "hacemos morir" los pecados como el orgullo, la preocupación y la ira? Lo primero que hay que hacer es arrepentirse y alejarse del pecado. Confiésalo al Señor y a quienes has ofendido; reconoce tu error y acepta la responsabilidad total por él (Proverbios 28:13; 1 Juan 1:9). Lo segundo es comprometerse con tomar decisiones piadosas en el futuro. Pide a otros que te pidan cuentas a medida que luchas contra tentaciones específicas (Salmos 119:106). Lo tercero es renovar la mente mediante el estudio fiel de la Palabra de Dios. Medita de continuo en su verdad (Josué 1:8; 1 Pedro 2:2). Y, finalmente, anda en el poder del Espíritu Santo, sométete a su Palabra (cp. Efesios 5:18 y Colosenses 3:16) y busca servir a otros en humildad (Gálatas 6:16-24; Filipenses 2:3-4).

CLAVES PARA FORTALECER LAS RELACIONES FAMILIARES

Hasta este punto, hemos considerado algunos de los aspectos más problemáticos para los padres cristianos. Ahora, veamos algunas claves para edificar un fundamento fuerte para nuestras relaciones familiares.

Una vez, un hombre le preguntó a su pastor: "¿Qué constituye un buen matrimonio?". El pastor le respondió: "La respuesta, amigo mío, es sencilla: Lo que constituye un buen matrimonio es dos cristianos obedientes". Esto es verdad. Si eres salvo y andas en el Espíritu, entonces tus relaciones familiares pueden tener éxito sin importar las pruebas o las dificultades que enfrentes.

Si queremos ser hombres piadosos, es indispensable enfocarnos en lo que Dios nos llama a hacer. Debemos buscar poner por obra sus mandamientos con gozo, con consistencia y sin dudar. Comencemos considerando el mandamiento del Señor: "Maridos, amad a vuestras mujeres" (Efesios 5:25).

Ama a tu esposa

Solo mencionaremos este tema brevemente porque el capítulo anterior ya lo tocó. Sin embargo, este mandato divino a los maridos es tan importante que vale la pena repetirlo. Somos llamados a amar a nuestra esposa.

Después de tu relación con Cristo, tu matrimonio es la relación más importante que tienes. Esta debe ser tu relación principal en el hogar (Génesis 2:24; Mateo 19:6; 1 Pedro 3:7). A menudo, mi esposa y yo recordábamos a nuestros hijos en casa que eran miembros bienvenidos de nuestra familia, pero que no eran su centro. Un pastor comentó algo muy sabio en la conclusión de la boda de su hijo: "Lo que Dios ha unido, no lo separe el hombre. No dejen que nadie se meta entre ustedes, en especial sus hijos". Esta es una exhortación que toda pareja casada necesita escuchar.

Incluso después de que nacen los hijos, la relación matrimonial sigue siendo la principal. Con esto en mente, una de las lecciones más importantes que un padre puede enseñar a sus hijos es a honrar a su madre. Tal vez, antes de salir al trabajo, pueda recordarles que deben obedecerla cuando él no está y decirles algo como esto: "Esta es mi esposa hermosa y su madre preciosa, así que deben servirla hoy mientras estoy en el trabajo y deben tratarla con toda la honra y el respeto que merece cuando no estoy aquí, o se las verán conmigo cuando llegue a casa" (ver Efesios 6:2).

El regalo más grande que puedes darle a tus hijos es amar a tu esposa como ejemplo del amor de Cristo (Colosenses 3:19). Ellos deben ver tus palabras de amabilidad y tus actos de sacrificio hacia ella y pensar: *Algún día, quiero tener un matrimonio exactamente como el de Mamá y Papá.* Asegúrate de mostrar un afecto apropiado hacia tu esposa en frente de tus hijos para que puedan ver el amor bíblico en acción. Nuestros hijos adultos siguen haciendo gestos con los ojos cuando beso a su madre en frente de ellos, pero, a pesar de sus graciosas protestas, esto les permite ver cuánto nos seguimos amando después de casi treinta años de matrimonio y les da un sentido de seguridad dentro de la familia.

Para alimentar y amar a tu esposa (Efesios 5:29), provee para sus necesidades, sírvela de forma sacrificial, ayúdala a crecer espiritualmente, dale consuelo y seguridad en momentos de prueba y trátala como una amada compañera (Proverbios 31:11). Además de esto, pon el ejemplo correcto de humildad en tu hogar y sé transparente con ella. Demuéstrale tu amor y confiésale tus pecados cuando te equivocas. Esto beneficia también a tus hijos porque necesitan ver la humildad en acción. Un varón verdaderamente humilde que camina en integridad facilita que su esposa y sus hijos sigan sus pisadas (Proverbios 20:7).

Finalmente, sigue viviendo con tu esposa "sabiamente" (1 Pedro 3:7). Esta verdad es crucial si quieres amarla y toma toda una vida de esfuerzo máximo. Literalmente, significa vivir con ella "conforme a conocimiento". Este conocimiento incluye conocer a tu esposa y conocer las Escrituras para poder instruirla en las verdades de la Palabra de Dios (1 Corintios 14:35).

Uno de los mejores ejemplos de esto que he presenciado fue una pareja en Grace Community Church que vivieron ambos hasta más de los noventa antes de morir. ¡Estuvieron casados durante setenta años! Siempre que los visitaba en su hogar, estaban de la mano y se miraban como si siguieran teniendo veinte años. Su amor mutuo era tan vibrante cuando tenían setenta años de casados que cuando recién empezaban. ¿Por qué? La esposa me dijo que era porque su esposo aplicó el mandato de vivir con ella "sabiamente" durante esos setenta años. ¡Vaya testimonio! Él es un ejemplo real de masculinidad bíblica en la práctica en el matrimonio.

Ama a tus hijos

Después del mandamiento del apóstol Pablo a los esposos de amar a su esposa, el siguiente capítulo de Efesios comienza con instrucciones para los padres cristianos. En Efesios 6:4, exhorta a los padres con estas palabras: "No provoquéis a ira a vuestros hijos, sino criadlos en disciplina y amonestación del Señor". Si en verdad queremos amar a nuestros hijos, debemos ser fieles en criarlos conforme a los principios bíblicos. Es verdad que el campo misionero comienza en casa. Sin embargo, al margen de momentos formales de enseñanza, ¿de qué manera podemos amar y enseñar a nuestros hijos en la práctica? Veamos cuatro maneras importantes en que podemos lograr esto.

1. POR MEDIO DE TU EJEMPLO

Lo más importante que puedes hacer para pastorear a tus hijos es ser ejemplo de tu amor por Cristo en la vida diaria (Mateo 22:37-38). Jesús lo explicó así en el Sermón del monte: "Así alumbre vuestra luz delante de los hombres, para que vean vuestras buenas obras, y glorifiquen a vuestro Padre que está en los cielos" (Mateo 5:16). Recuerda que, en primer lugar, eres un varón cristiano, antes de ser esposo y padre, y que tu dependencia diaria de la gracia sublime de Dios habla de forma poderosa a tus hijos (Lucas 9:23; Efesios 2:8-10). La vieja frase: "Habla más el ejemplo que mil palabras", se aplica directamente a tu familia. Tus hijos son profundamente influenciados por la manera como tú mismo vives.

A la luz de esta solemne verdad, déjalos ver que "el amor de Cristo [te] constriñe" (2 Corintios 5:14). Demuestra lo que significa andar "en el Espíritu" y ya no satisfacer "los deseos de la carne" (Gálatas 5:16-25). Ejemplifícales el carácter de un hombre piadoso. Ya no hay lugar para la hipocresía en tu vida, en especial como padre. Los hijos no se dejan engañar ante la más mínima inconsistencia. De manera que asegúrate de que tu vida se corresponda con tu profesión. Salomón escribió en Proverbios 20:7: "Camina en su integridad el justo; sus hijos son dichosos después de él".

2. POR MEDIO DE LAS CIRCUNSTANCIAS DE LA VIDA

Enseñar a tus hijos es algo que debes hacer en medio de la vida diaria, tanto dentro como fuera del hogar (Deuteronomio 6:6-7). Los éxitos, los fracasos, las pruebas, las enfermedades, los problemas escolares y los conflictos relacionales (es decir, las circunstancias normales de la vida) presentan oportunidades valiosas para la instrucción espiritual. La vida es un salón de clases que puedes usar para dirigir a tus hijos a Dios y a su Palabra todos los días (Proverbios 1:1-7).

Hace unos pocos años, tres de mis hijos y yo estábamos de camino de regreso a la iglesia después de comer en un restaurante local con un amigo de nuestra familia. De pronto, sin previo aviso, otro auto nos golpeó. Todos salimos ilesos, pero fue una experiencia muy escalofriante. Más tarde, les pregunté a mis hijos qué habían aprendido del accidente. Mi hijo exclamó: "Que nunca debemos ir a comer con el señor Smith". Mi hija mayor añadió: "Yo aprendí que nunca debo subirme a un auto que tú estás conduciendo". Mi otra hija lo pensó y luego dijo: "Tenemos que ser cuidadosos y confiar en Dios". ¡Gracias a Dios que tenemos al menos una teóloga en la familia! El accidente terminó siendo una oportunidad maravillosa para conversar en familia sobre la verdad de la Biblia. Pudimos vivir de primera mano la realidad de que nuestras circunstancias pueden cambiar literalmente en un abrir y cerrar de ojos y que, por eso, debemos confiarle nuestra vida a Dios en todo momento (Santiago 4:14; Proverbios 3:5-6).

3. Por medio de preguntas y respuestas

Siempre que surja la oportunidad, es importante hacer preguntas profundas a nuestros hijos y luego ayudarlos a considerar la respuesta desde un punto de vista bíblico (2 Timoteo 3:15-17). Esto les enseñará a detenerse y a pensar en lo que Dios quiere que hagan en una situación en especial o cuando se enfrentan a las pruebas y a las tentaciones de la vida (Proverbios 14:15). Además, como padre, prepárate para que tus hijos te hagan muchas preguntas profundas también (cp. Éxodo 12:26-27). La curiosidad natural de tus hijos presentará oportunidades maravillosas para que puedas enseñarles verdades espirituales. Animar a tus hijos a hacer buenas preguntas no solo les ayudará a crecer en lo mental y en lo espiritual, sino que también retará tu propia agudeza teológica.

Siempre busca estar disponible para escuchar sus ideas y responder a su preguntas y preocupaciones. Las comidas, la hora de dormir y los viajes son oportunidades especialmente buenas para ayudar a tus hijos a pensar en el día y a reflexionar sobre su relación con Dios. Hace muchos años, de camino a casa de la iglesia, nuestra hija mayor vio un avión que volaba en el cielo y me pregunto: "Papá, si Dios está en todo lugar, ¿ese avión se estrellará con Él?". Después de algunas risas de todos en el auto, su pregunta nos llevó a una buena plática sobre la omnipresencia de Dios y la naturaleza espiritual de Dios (Juan 4:24; Colosenses 1:15).

4. Por medio de actividades familiares

Cuando le pregunto a personas que pertenecen a una familia fuerte qué es lo que los hace fuertes, una y otra vez mencionan hacer cosas disfrutables juntos: actividades como servir en el ministerio, comer, trabajar en proyectos, salir de vacaciones, pasar tiempo en la naturaleza, inventar tradiciones familiares, asistir a los eventos especiales de los demás y disfrutar de "noches familiares" juntos. En general, las familias más felices son las que hacen muchas cosas juntos porque entienden que las relaciones se fortalecen durante esos momentos.

A veces, los padres se preguntan si es más importante pasar mucho tiempo juntos o pasar tiempo de calidad juntos. ¿Podría sugerir pasar *mucho tiempo de calidad* juntos como familia? Las dos cosas son inseparables. Dedica a tu familia tanto tiempo como puedas y haz tu mejor esfuerzo por no desperdiciar ni un momento de ese tiempo. Un padre cristiano me confesó lo siguiente:

> Todos en mi familia son mayores y los hijos se han ido, pero si tuviera que hacer todas las cosas de nuevo, esto es lo que haría: amaría más a mi esposa frente a mis hijos; me reiría más con mis hijos, tanto de nuestros errores como por nuestras alegrías; escucharía más, incluso al más pequeño de todos; sería más honesto acerca de mis propias debilidades, sin aparentar jamás ser perfecto; oraría de una forma diferente por mi familia; en lugar de enfocarme en ellos lo haría en mí. Haría más cosas al lado de mis hijos; les animaría y elogiaría mucho más; prestaría más atención a las cosas pequeñas, con muchos más actos y palabras de consideración. Por último, si tuviera la oportunidad de hacer todo de nuevo, hablaría sobre Dios de una manera más íntima con mi familia; todas las cosas de la vida diaria que sucedieran en un día corriente, las usaría para dirigir sus mentes y corazones a Dios.[1]

---

1. Autor desconocido. Citado en John MacArthur, *Efesios* (Grand Rapids, MI: Portavoz, 2010), 385.

LAS BENDICIONES DE LA FIDELIDAD

Alguien dijo en alguna ocasión: "Si tu cristianismo no funciona en casa, no lo exportes". ¡Qué idea tan aleccionadora! Nuestro ejemplo de piedad debe comenzar con quienes mejor nos conocen. Como varones cristianos, somos llamados a amar, en primer lugar, a nuestro Señor, y luego a los miembros de nuestra familia como a nosotros mismos (Mateo 22:37-40). Este amor nos mueve a guiarlos en semejanza a Cristo y a servirlos con humildad y cuidado.

Ser un padre fiel conlleva grandes recompensas, tanto en esta vida como en la siguiente. Poner en práctica los principios bíblicos y guiar a nuestra familia en el temor y la instrucción del Señor nos permitirán experimentar los gozos profundos del Salmo 128, donde leemos lo siguiente:

> Bienaventurado todo aquel que teme a Jehová, que anda en sus caminos. Cuando comieres el trabajo de tus manos, bienaventurado serás, y te irá bien. Tu mujer será como vid que lleva fruto a los lados de tu casa; tus hijos como plantas de olivo alrededor de tu mesa. He aquí que así será bendecido el hombre que teme a Jehová (vv. 1-4).

Que tú y tus seres queridos disfruten de las riquezas de esta promesa a medida que caminas a diario con Cristo y pastoreas a tu familia conforme a su Palabra.

PREGUNTAS DE REFLEXIÓN PERSONAL

1. Si eres padre, ¿cómo describirías tu hogar? ¿Estás siendo fiel en tratarlo como el campo misionero que es?

2. ¿Hay aspectos de tu rol como padre que pudieran describirse como orgullosos, desatentos o iracundos? Si es así, ¿qué harás para cambiar estas cosas?
3. ¿De qué formas has considerado tu posición como pastor de tu hogar una carga y de qué maneras la has considerado un privilegio? ¿Qué actitudes del corazón puedes cultivar para ver tu posición cada vez más como un privilegio?
4. ¿La idea de dar cuentas al Señor por tu rol como padre reenergiza tus esfuerzos o te produce un gran temor? ¿Por qué es así?
5. ¿Qué puedes hacer para mejorar tus esfuerzos por pastorear a tu familia de una forma que honre a Dios? ¿Cómo planeas poner en marcha estos cambios?
6. Lee los "Pasajes bíblicos para profundizar más". Al hacerlo, menciona de qué forma cada pasaje afirma, aclara o aplica las verdades que has aprendido en la lectura de este capítulo. ¿Algún otro versículo te viene a la mente?

PASAJES BÍBLICOS PARA PROFUNDIZAR MÁS

Deuteronomio 6:5-7; Salmos 78:4-7; Proverbios 13:24; Proverbios 22:6, 15; Proverbios 29:15, 17; Efesios 6:1-4; Colosenses 3:20-21; 1 Timoteo 3:4-5; Hebreos 12:6-11.

12

El hombre verdadero trabaja duro

Lecciones del libro de Proverbios

Austin Duncan

Me gustaría hablarte de un hombre al que quizás ya conozcas. Sus padres están avergonzados de él y vive en frustración y miseria constantes. Continuamente, se queda sin dinero y siempre está al borde de la bancarrota. Tiene necesidades reales e inmediatas, pero es incapaz de suplirlas y, por eso, le cuesta dormir por las noches. Esto es extraño, porque durante el día, duerme perfectamente; se levanta tarde, se queda diez minutos más en la cama y se vuelve a dar la vuelta hacia la almohada. Si alguna vez sale de la casa, se enfrenta de inmediato con su reputación negativa; o, peor aún, con un león en las calles. Así es, un león. Bueno, no un león real, pero verás, a este sujeto le encanta poner excusas, reales o imaginarias, con tal de evitar trabajar. Piensa que el trabajo es una maldición, pero quienes lo conocen, consideran que él mismo es una maldición. De hecho, algunos preferirían beber vinagre o echarse humo a los ojos antes de estar con este hombre. Su fama en la comunidad es malísima. Es un aprovechador indeseable y un necio de poca confianza. Probablemente, has escuchado hablar de él, al igual que la mayoría de la gente. Es conocido como "el perezoso" y su vida de insensatez está descrita en el libro de Proverbios.

LA PRESENTACIÓN DEL PEREZOSO

El hombre que acabamos de describir no es un héroe, sino más bien un villano. En realidad, no es ni siquiera un hombre; más bien, es un niño en cuerpo de adulto. Por todo Proverbios, encontramos referencias a él como necio, negligente y perezoso. Es indolente, irresponsable, inmaduro y va de camino a la ruina segura. Su vida improductiva no genera nada de valor, excepto como advertencia a los demás de no seguir por su camino. Cualquiera que desea honrar a Dios en su manera de vivir, como varón diligente, disciplinado y responsable, hará bien en prestar atención.

El libro de Proverbios es ideal para el estudio del hombre cristiano. Es un manual de instrucciones de un padre para su hijo que describe lo que significa vivir de forma hábil y de una manera que agrada a Dios. En sus páginas, Salomón cubre una gran variedad de temas, incluyendo la mayordomía del dinero, el matrimonio, las amistades, la disciplina y el trabajo. Su enseñanza es tremendamente práctica en su búsqueda por guiar a su hijo hacia la sabiduría y alejarlo de la necedad.

Así pues, consideremos la enseñanza de Salomón en cuanto a una de las características más importantes de un hombre piadoso. El hombre verdadero evita la insensatez de la pereza; dicho con otras palabras, *el hombre verdadero trabaja duro*.

EN EL PRINCIPIO, CREÓ DIOS EL TRABAJO

Para empezar, el perezoso no reconoce que el trabajo es un regalo de Dios. Aparentemente, nunca ha leído Génesis 1 y 2. Los primeros capítulos de la Biblia dejan muy claro que Dios mismo es un trabajador. Génesis 2:2-3 lo dice de forma explícita: "Acabó Dios en el día séptimo la obra que hizo; y reposó el día séptimo de toda la obra que hizo. Y bendijo Dios al día séptimo, y lo santificó, porque en él reposó de toda la obra que había hecho en la creación". Después de la creación, Dios tomó un día de descanso, pero este fue precedido por seis días de trabajo.

El hombre fue creado a la imagen de Dios y también es llamado a trabajar. Adán recibió ciertas tareas que debía realizar en Edén, como sojuzgar la tierra (Génesis 1:27-28) y cultivar el huerto (Génesis 2:15). Observa que recibió estas responsabilidades *antes* que el pecado entrara al mundo. Su trabajo no fue resultado de la caída ni de la maldición. Es cierto que el trabajo (al igual que el resto de la vida) fue impactado de forma negativa por la maldición. Ahora, este incluye espinas, abrojos y el sudor de nuestra frente (Génesis 3:18-19). Sin embargo, esto no hace que el trabajo sea malo, solo más difícil. Aunque vivimos en un mundo caído, Dios sigue respaldando el valor inherente del trabajo. Este fue parte de su diseño original para los seres humanos y lo sigue siendo hoy.

Para ayudarnos a cumplir nuestro mandato divino en el trabajo, Dios nos creó con un sistema motivador interno: el hambre. Proverbios 16:26 lo explica de este modo: "El apetito del trabajador para él trabaja, porque su boca lo impulsa" (NBLA). El alimento y el trabajo fueron diseñados en conjunto. Estos versículos explican por qué debemos *hacer* un sándwich. Sin importar a qué tipo de sándwich nos refiramos, es necesario armarlo. Si vemos más allá de nuestro supermercado local, recordamos que es necesario criar y luego matar al cerdito, que es indispensable cultivar, moler y hornear el grano. Los vegetales tuvieron que ser cultivados, el queso procesado y los camiones conducidos. Esta sencilla comida implica muchísimo trabajo. Es sabio reconocer esta relación entre el alimento y el trabajo, ya sea que nuestro trabajo haya producido directamente la comida o que simplemente haya provisto para su compra.

Por diseño divino, si queremos suplir las necesidades más básicas de la vida, como poner comida en la mesa, debemos estar dispuestos a trabajar. Proverbios 12:11 lo dice así: "El que labra su tierra se saciará de pan; mas el que sigue a los vagabundos es falto de entendimiento". Por eso, al lidiar con los perezosos en la iglesia del Nuevo Testamento, Pablo asume de forma automática la frase proverbial: "Si alguno no quiere trabajar, tampoco coma" (2 Tesalonicenses 3:10).

LA PEREZA TAMBIÉN ES PRODUCTIVA

Por supuesto que el trabajo no es lo único que paga. Según el libro de Proverbios, la pereza también tiene su propia paga: la ruina total. "En toda labor hay fruto; mas las vanas palabras de los labios empobrecen" (Proverbios 14:23). Una vida de apatía tiene consecuencias. Considera con cuidado los frutos de ser perezoso. Si te dejas llevar por una vida de pereza…

- serás una vergüenza para tus padres (Proverbios 10:1, 5);
- vivirás en frustración (13:4);
- experimentarás una pobreza profunda y una necesidad real (6:6-11);
- tendrás una reputación terrible (10:26);
- tu descanso carecerá de propósito (26:14);
- servirás como advertencia a otros: en lugar de obedecer los proverbios, te convertirás en uno (24:30);
- dejarás un legado de proyectos sin terminar (12:27);
- serás reconocido por tus malas excusas (22:13);
- serás una fuente de irritación para otros (10:26);
- sufrirás por la vida en una espiral descendente (13:4; 19:15);
- tendrás una existencia dura y desagradable (15:19; 20:17);

- algún día, experimentarás la muerte y el infierno (9:16-18; 21:25).

Es evidente que la pereza es un pecado grave y que sus consecuencias son devastadoras. Una vida de frustración, de tristeza y de dolor le aguarda al perezoso. Los padres sabios deben enseñar a sus hijos sobre los peligros de la pereza y sobre el valor del trabajo arduo. El trabajo manual tiene un valor tremendo, en especial al instruir a los jóvenes, porque aprenden a equiparar la paga con el sudor, las quemaduras del sol y los callos. En un mundo de programas televisivos, de videojuegos, de redes sociales y de otras distracciones electrónicas, la pereza nunca ha sido más entretenida. Sin embargo, el sabio controla sus momentos de recreación, es diligente en el trabajo y cumple primero con sus responsabilidades.

LA HORMIGA Y EL PEREZOSO

En una de las secciones más gráficas de Proverbios, un simple insecto se convierte en el maestro del hombre perezoso. Escucha la descripción colorida de Salomón:

> Ve a la hormiga, oh perezoso, mira sus caminos, y sé sabio; la cual no teniendo capitán, ni gobernador, ni señor, prepara en el verano su comida, y recoge en el tiempo de la siega su mantenimiento. Perezoso, ¿hasta cuándo has de dormir? ¿Cuándo te levantarás de tu sueño? Un poco de sueño, un poco de dormitar, y cruzar por un poco las manos para reposo; así vendrá tu necesidad como caminante, y tu pobreza como hombre armado (Proverbios 6:6-11).

¡La condición del perezoso es tan patética que necesita ser enseñado por un bicho! En su extraordinario comentario sobre este pasaje, Charles Bridges escribe: "Qué gran prueba de la degradación de la caída que el 'hombre, creado a la imagen de Dios' y hecho más sabio que la creación (Génesis 1:26; Job 35:11), tenga que ser enviado, como aquí, a esta escuela insignificante para ser instruido".[1]

Sin embargo, cuánto podría aprender el perezoso si tan solo estudiara a las hormigas. Estas no necesitan que nadie las gestione de forma excesiva. No requieren la supervisión constante que sí necesita el perezoso. Aunque son simples insectos, las hormigas entienden el valor inherente del trabajo. A diferencia del negligente, nunca se presentan tarde a la oficina. Nadie tiene que recordarles que la hora de la comida se ha terminado ni que reprenderlos por navegar en internet durante horas laborales. Las hormigas siempre son diligentes. Como resultado, siempre están preparadas para el futuro. Están listas cuando llega el invierno porque han almacenado con cuidado una cantidad suficiente de comida. No obstante, el perezoso ignora el futuro, para su perdición. Su pobre ética laboral lo termina llevando a la pobreza. Esta lo abruma rápida y violentamente, "como caminante" y "como hombre armado" (v. 11). Es así como el perezoso encuentra su fin. Ha dormido durante demasiado tiempo y, ahora, no le queda más que dormir en necesidad.

Las hormigas no necesitan leer Proverbios 6. Ellas ya lo entienden. Fueron creadas para trabajar duro y lo hacen sin supervisión. Este es el punto de Salomón: también nosotros fuimos diseñados para trabajar duro. Cuando holgazaneamos, demostramos cuán lejos de Edén nos ha llevado el pecado.

INSATISFACCIÓN EN EL TRABAJO

Un estudio reciente indica que:

---

1. Charles Bridges, *Proverbs* (Londres: Banner of Truth, 1979), 61.

- Tan solo el 45% de los estadounidenses están satisfechos en su empleo; este es el nivel más bajo de satisfacción laboral en 22 años.
- Tan solo el 51% de las personas encuentran interesantes sus trabajos.
- De entre los que tienen menos de 25 años, el 64% de los empelados dicen que son infelices en el trabajo.[2]

Ante tales estadísticas, el perezoso hace resonar un sentido "Amén". Aborrece el trabajo y no encuentra ningún placer en él, pero está totalmente confundido.

El trabajo arduo sí trae consigo una gran recompensa que va más allá del salario. El hombre piadoso puede sentirse satisfecho en su trabajo, no porque este sea su fuente de satisfacción, sino porque conecta su trabajo diario con el sublime llamado y propósito de Dios para su vida. Cuando hacemos nuestro trabajo "de corazón, como para el Señor" (Colosenses 3:23), podemos encontrar gozo en cualquier tarea que debamos realizar. Así pues, Salomón pudo decir: "El hombre será saciado de bien del fruto de su boca; y le será pagado según la obra de sus manos" (Proverbios 12:14). Los varones cristianos nunca deben buscar su identidad y plenitud supremas en su trabajo, sino más bien en Cristo. Puede que nuestro empleador nos dé nuestro salario, pero un día recibiremos una evaluación y recompensa finales del Señor mismo.

Todos entendemos cómo nuestro trabajo se ve afectado por los que están en autoridad sobre nosotros, ya sea que nuestro jefe sea amable y capaz o condescendiente y crítico. Como creyentes, sin importar para quién trabajemos, en última instancia servimos al jefe perfecto. Nuestro objetivo en esta vida es serle agradables, sea cual sea nuestra ocupación. Cuando consideramos nuestro

---

2. Associated Press, "Survey: More Americans Unhappy At Work", 5 de enero, 2010, http://www.cbsnews.com/stories/2010/01/05/national/main6056611.shtml.

empleo terrenal a través de la lente del cielo, le da significado hasta a los trabajos más insignificantes y motivación hasta a los más difíciles.

UN TESORO DE VERDADES PARA EL PEREZOSO

Proverbios 26:13-16 nos pinta una ilustración difícil de olvidar. Considera las siguientes cuatro características del perezoso: No se esfuerza, salvo para poner excusas (v. 13); duerme todo el tiempo, pero no puede hallar descanso (v. 14); nunca hace nada, pero está cansado todo el tiempo (v. 15); vive como un necio, pero se cree el más inteligente (v. 16). Estudiemos estas cuatro características por un momento.

Primero, vemos que el perezoso se esfuerza solo cuando se trata de inventarse razones para no trabajar. El versículo 13 nos da un ejemplo de sus elaboradas excusas: "Dice el perezoso: El león está en el camino; el león está en las calles". Un versículo paralelo en Proverbios 22:13 repite la misma historia: "Dice el perezoso: El león está fuera; seré muerto en la calle". Con tal de evitar el trabajo, el holgazán se inventa las razones más creativas y ridículas para no salir de la casa. De seguro le encantaría tener un trabajo, pero ¿cómo podrá lograrlo? ¿Qué tal si termina en un accidente de auto? ¿Qué pasaría si ocurriera de pronto un incendio, un terremoto o un tornado? Claro que se iba a presentar a la entrevista, pero el auto se descompuso, el camión se retrasó, el teléfono celular se quedó sin batería o algo más sucedió. Excusas, excusas, excusas. Es totalmente irresponsable y poco confiable, pero siempre tiene una respuesta para justificar que no fue su culpa. Y sus razones tienden a ser cada vez más increíbles. "¡Mira! ¡Creo que hay un león! —exclama—. Mejor me quedaré en casa hoy; soy alérgico a los leones".

En Proverbios 26:14, vemos una segunda verdad más bien irónica respecto al perezoso: Aunque duerme todo el tiempo, nunca puede hallar descanso. Este versículo dice así: "Como la puerta gira sobre sus quicios, así el perezoso se vuelve en su cama". Una y otra vez, vuelta tras vuelta toda la noche; el perezoso nunca experimenta más que un dormitar inquieto. Tal vez es porque le abruma el peso de las responsabilidades que tiene por cumplir. Él sabe que sus recursos se le están acabando, que el invierno se acerca y que sus acreedores pronto llegarán a tocar su puerta. Tal vez, es sencillamente el resultado de su apatía cuando descubre que una vida de holgazanería pronto se vuelve aburrida y sin sentido. En cualquier caso, el hombre que abraza su almohada cuando debería estar trabajando nunca encuentra la paz y el descanso que busca. Aunque hace todo a su alcance para mantener su posición horizontal, no hay dulces sueños para el perezoso. En lugar de cavar una zanja y ganarse el salario del día, crea más bien un hueco en el colchón en el que intenta pasar incontables horas durmiendo, o intentando hacerlo. Al menos, no tiene callos en las manos, ni quemaduras de sol en la espalda.

El versículo 15 nos da un tercer vistazo a su vida: "Mete el perezoso su mano en el plato; se cansa de llevarla a su boca". Aunque nunca trabaja, el holgazán se siente cansado todo el tiempo. ¡Está demasiado aletargado hasta para terminar de comer! El punto de Salomón es que la pereza terminará por cobrarte intereses. Esta produce más pereza y el estado miserable del perezoso solo empeora con el tiempo. En este caso, su condición se ha vuelto tan triste que hasta la gravedad es demasiado grande para vencerla. Prácticamente, lo único que puede hacer ya es cambiar de un canal de televisión a otro para ver a otras personas vivir y trabajar, porque él mismo sencillamente no tiene la energía para hacerlo.

Otra ironía se hace presente en el versículo 16: "En su propia opinión el perezoso es más sabio que siete que sepan aconsejar". A pesar de su estado deplorable como vagabundo en bancarrota y recluido que se aletarga en el sillón, el perezoso sigue pensando que es muy sabio. Tal vez, por eso se niega a escuchar el consejo que tanto necesita. Piensa que sabe más que todos los demás. En su mente, ni una sala llena de eruditos tendría algo que ofrecerle. No obstante, al final, su orgullo lo llevará a una caída inevitable. Salomón lo afirmó unos cuantos versículos atrás: "¿Has visto hombre sabio en su propia opinión? Más esperanza hay del necio que de él" (v. 12). Lo que el perezoso no puede entender es el tremendo valor que trae terminar una tarea. Alexander Maclaren nos da este útil consejo:

> Ninguna tarea indeseada se vuelve menos difícil si la dejas para mañana. Solo cuando la terminamos y la dejamos atrás, descubrimos que queda un buen sabor de boca y que el recuerdo de esa tarea indeseada que realizamos sin dudar es bienvenido y placentero. Al cumplirla, descubrimos que viene con una gran bendición y nos deja con una sonrisa en el rostro. Si la dejamos sin hacer, se levanta amenazadora, perturba nuestra tranquilidad y estorba nuestra comunión con Dios. Si hay delante de ti hoy algún trabajo que estás intentando evadir, levántate de una vez y hazlo de inmediato. La única forma de deshacerte de él es terminarlo.[3]

Esta es la sabiduría que el holgazán no puede comprender. Sin embargo, los que están dispuestos a trabajar conforme al plan de Dios experimentarán el gozo que viene del trabajo arduo y del logro.

---

3. Alexander Maclaren, citado en W. R. Moody, ed., *Record of Christian Work*, vol. 24 (East Northfield, MA: W. R. Moody, 1910), 338.

NIÑOS, MIREN, ¡UN PEREZOSO!

En Proverbios 24:30-34, Salomón narra una vez en que pasó junto a la finca de un perezoso. No fue un panorama agradable:

> Pasé junto al campo del hombre perezoso, y junto a la viña del hombre falto de entendimiento; y he aquí que por toda ella habían crecido los espinos, ortigas habían ya cubierto su faz, y su cerca de piedra estaba ya destruida. Miré, y lo puse en mi corazón; lo vi, y tomé consejo. Un poco de sueño, cabeceando otro poco, poniendo mano sobre mano otro poco para dormir; así vendrá como caminante tu necesidad, y tu pobreza como hombre armado.

La vida del holgazán sirve como lección pictórica para nosotros y para nuestros hijos, y nos enseña que el fruto de la infructuosidad es amargo y duro. El trabajo es una actividad pública (cp. 1 Tesalonicenses 4:11-12) y los que trabajan poco y de mala manera invitan la deshonra sobre sí. "Como el vinagre a los dientes, y como el humo a los ojos, así es el perezoso a los que lo envían" (Proverbios 10:26). La reputación del perezoso es bien merecida. Su lista de quehaceres está sin terminar, su propiedad está desvencijada y su cuenta bancaria, en ceros. Él mismo se ha provocado esto por su inacción. ¡Qué advertencia tan motivadora para nosotros!

En este momento, debemos considerar también una variante del perezoso: el soñador de lotería y el maquinador de esquemas piramidales. Este es un tipo de perezoso que piensa que puede evitarse el trabajo y enriquecerse rápidamente mediante medios cuestionables, como las apuestas y los fraudes de multinivel. El libro de Proverbios también se dirige a este hombre: "El que labra su tierra se saciará de pan; mas el que sigue a los ociosos se llenará de pobreza" (28:19). También en otro lugar dice así: "Las riquezas de vanidad disminuirán; pero el que recoge con mano laboriosa las aumenta" (13:11; cp. 20:17). El deseo de hacerse de ganancias rápidas sin un esfuerzo legítimo es típico del perezoso. De diez veces que lo intenta, once le salen mal y termina con menos que antes. Sin embargo, aunque se gane la lotería, no le dura. Los que no se esfuerzan por obtener el dinero pocas veces entienden su valor real. Un viejo dicho los describe con precisión: "Lo que viene fácil, fácil se va". Rápidamente, terminan de vuelta en la pobreza y no les queda nada de su buena fortuna pasada.

LA RAZÓN DE NUESTRO TRABAJO

En última instancia, el trabajo no se trata de obtener riquezas ni de encontrar satisfacción en tu campo laboral. Más bien, su propósito fundamental es dar gloria a Dios. Este es el significado de la palabra *vocación*, que tiene sus raíces en una palabra latina que significa *llamado*. Los varones que ven su trabajo como un llamado de Dios, sin importar lo que hagan, conectan su trabajo diario con un propósito supremo. Dios nos ha dado la fuerza para proveer para nuestra familia (1 Timoteo 5:8), para honrarlo con nuestra actitud (Efesios 6:5-9), para amar a otros (Marcos 12:31) y para ser luz al mundo a nuestro alrededor (Mateo 5:16). Cualquier tipo de trabajo reclama su significado original cuando el varón lo ve como un llamado de Dios. El trabajo bien hecho es hermoso. Observa lo que dice Proverbios 27:23-27:

> Sé diligente en conocer el estado de tus ovejas, y mira con cuidado por tus rebaños; porque las riquezas no duran para siempre; ¿y será la corona para perpetuas generaciones? Saldrá la grama, aparecerá la hierba, y se segarán las hierbas de los montes. Los corderos son para tus vestidos, y los cabritos para el precio del

campo; y abundancia de leche de las cabras para tu mantenimiento, para mantenimiento de tu casa, y para sustento de tus criadas.

De forma poética, el maestro exalta el valor del trabajo. Elogia la labor realizada con precisión y con habilidad. También le recuerda al trabajador fiel que las riquezas no son eternas, sino que se desvanecen. El trabajo no existe para que el trabajador pueda acumular riquezas para sí mismo, sino para que el hombre pueda proveer para su familia y glorificar a Dios tanto en el proceso como en el resultado. No hay diferencia real entre lo secular y lo sagrado cuando se trata de trabajo. Todo trabajo honesto, hecho para la gloria de Cristo, es agradable a Él. Ya sea que trabajes en el negocio de la construcción o en una cafetería, en ventas o en educación, eres llamado a realizar tus labores para la gloria de Dios.

En este capítulo, nuestro enfoque estuvo en el perezoso, pero sería negligente no mencionar otro enfoque igualmente peligroso (aunque muy diferente) hacia el trabajo: la idolatría del adicto al trabajo. Los que convierten su trabajo en un dios y viven para trabajar, pero descuidan otras responsabilidades y relaciones también experimentarán consecuencias desastrosas. En contraste, el hombre piadoso encuentra el balance adecuando entre la inacción del perezoso y la obsesión del adicto al trabajo. Todos somos llamados a trabajar arduamente para la gloria de Dios, pero nunca debemos convertir nuestro trabajo en un ídolo, al punto de que se convierta en nuestro enfoque y cobre más importancia que todo lo demás.

Tal como hemos visto en el capítulo, la pereza conduce a una vida difícil que se opone a Dios y a su plan. Una última cita de Proverbios dice así: "El camino del perezoso es como seto de espinos; mas la vereda de los rectos, como una calzada" (15:19). Los varones de la Palabra entienden que han sido creados por Dios para trabajar arduamente. Así pues, con corazones llenos de gozo, sirven con diligencia a su Señor y a su familia, en un esfuerzo por honrar a Dios y proveer para los suyos.

PREGUNTAS DE REFLEXIÓN PERSONAL

1. ¿En qué áreas de tu vida podrías ser descrito como un "perezoso"?
2. ¿Por qué es importante que los varones cristianos estudien Proverbios y sus advertencias contra el perezoso? Después de leer este capítulo, ¿qué consejo le darías a un amigo que muestra una tendencia hacia la pereza?
3. ¿Consideras tu trabajo una bendición o una maldición? ¿Cuál es la manera correcta de pensar sobre el trabajo?
4. Enumera algunas maneras en que el trabajo es un regalo de Dios.
5. ¿Qué meta en tu vida te motiva a trabajar? ¿Es una meta piadosa? ¿Cuál es la diferencia entre la motivación cristiana para trabajar y la motivación mundana?
6. Lee los "Pasajes bíblicos para profundizar más". Al hacerlo, menciona de qué forma cada pasaje afirma, aclara o aplica las verdades que has aprendido en la lectura de este capítulo. ¿Algún otro versículo te viene a la mente?

PASAJES BÍBLICOS PARA PROFUNDIZAR MÁS

Génesis 2:7-8, 15; Proverbios 6:6-11; Proverbios 10:4-5; Proverbios 24:30-34; Proverbios 26:13-16; Colosenses 3:23-24; 2 Tesalonicenses 3:6-12; 1 Timoteo 5:8.

13

El hombre verdadero ama a sus enemigos

Lecciones de la vida de Eliseo

JESSE JOHNSON

Martin Seliane fue un insurrecto que pensaba que la justicia estaba de su lado. A principios de la década de los noventa, Martin fue uno de los líderes del Congreso Nacional Africano, el partido político de personas de color más importante de Sudáfrica. La violencia fue una de las armas que usó con frecuencia en su batalla contra el *apartheid*. Consideraba insignificante matar a sus enemigos, en especial si estaban ayudando a ejercer el sistema gubernamental de segregación racial. En este punto de su vida, Martin odiaba a los blancos. Para él, el odio no era una emoción inofensiva, sino más bien un sentimiento que estallaba en agresión y hostilidad.

Adriaan Vlok era un ministro de Ley y Orden de Sudáfrica y su responsabilidad era ejercer el *apartheid*. En específico, su tarea era encontrar y castigar a personas como Martin. Para lograrlo, utilizaba escuadrones de la muerte, armas química y asesinatos de la vieja escuela. Ordenó bombardear cines que mostraban películas antigubernamentales y, en los últimos años del *apartheid*, hizo capturar a sus oponentes, a muchos de los cuales nunca se los volvió a ver. Para alguno de nosotros, un enemigo es una persona que cuenta chismes, un colega que esparce mentiras sobre nosotros o un miembro de nuestra familia que busca destruir nuestra reputación. Para otros, el enemigo puede ser un competidor en los negocios, un atleta o un rival en el trabajo. Sin embargo, para algunos, el enemigo es de naturaleza más seria. Por ejemplo, los soldados en la guerra no tienen que adivinar quién es su enemigo. Para Martin Seliane, su enemigo era Adriaan Vlok.

EL EJEMPLO DE ELISEO

Tal como veremos en este capítulo, el hombre verdadero ama a sus enemigos. Quizás, ninguno en la historia de Israel tuvo más oportunidades para demostrar esto que el profeta Eliseo.

Eliseo fue un mensajero escogido por Dios durante una época especialmente hostil. Su predecesor, Elías, había sido expulsado del país cuando la reina Jezabel intentó matarlo. Frente a este rechazo, Elías huyó al desierto y pidió que Dios le quitara la vida. En cambio, Dios le dio una última tarea: ungir a Eliseo como su sucesor (1 Reyes 19:16). Por tanto, cuando Eliseo se convirtió en profeta, no le faltaron enemigos. Fue odiado por quienes odiaban a Elías y a Jehová (incluyendo el rey), se le opusieron quienes servían al dios falso, Baal, y hasta fue emboscado por ejércitos que peleaban contra Israel. Fue traicionado por sus amigos, cuestionado por sus seguidores y menospreciado por casi todos los demás.

Sin embargo, respondió con un amor constante hacia sus enemigos.

Esto no significa que Eliseo fuera un pacifista total. De hecho, cuando Dios hizo profeta a Eliseo por primera vez, el Señor dijo que lo usaría para matar a los adoradores de Baal (1 Reyes 19:17).

En un punto, cuando una turba de unos cincuenta jóvenes rodeó a Eliseo y comenzó a insultarlo, Dios envió a dos osas que descuartizaron a cuarenta y dos de estos burladores (2 Reyes 2:23-24). Cuando Eliseo estuvo con el ejército de Israel en la guerra contra Moab, esperó hasta que Dios hizo que los moabitas alucinaran y luego instruyó a los israelitas que los mataran (2 Reyes 3). Cuando Dios autorizó el uso de la violencia, Eliseo no se retrajo.

Sin embargo, el relato de la vida de Eliseo refleja que, como persona, demostró un amor persistente hacia sus peores enemigos. Escogió Jericó, una ciudad llena de los enemigos de Dios, como sitio de su primer milagro público. Cientos de años atrás, el Señor había declarado que cualquiera que se atreviera a establecerse allí sería maldito (Josué 6:26). Sin embargo, Eliseo sanó la tierra y purificó las aguas y así, puso fin a la maldición contra la ciudad (2 Reyes 2:18-22; 4:38-44).

Siria era el enemigo más peligroso y temido de Israel. Cuando Eliseo era apenas un adolescente, los sirios saquearon el templo y secuestraron a la familia del rey (1 Reyes 20:2-3). Cuando Israel unió fuerzas con Judá para defender su frontera común ante la incursión siria, estos no solo mataron al malvado rey Acab, sino también a Josafat, el rey piadoso de Judá.

No obstante, a pesar de su enemistad nacional, cuando el jefe del ejército sirio se enfermó de lepra, buscó a Eliseo. De hecho, en el momento en que Naamán acudió a Eliseo, el ejército sirio estaba preparándose para atacar Israel y sitiar su capital. El sitio fue tan duro que obligó a los israelitas a recurrir al canibalismo para poder sobrevivir (2 Reyes 6:24-31). Aun así, cuando Naamán acudió al profeta en busca de ayuda, Eliseo no vio a un malvado general, sino más bien a un hombre que había sido humillado por sus circunstancias y que estaba listo para convertirse a Dios en fe. Eliseo le mostró a su enemigo cómo podía ser sanado (en esencia, mediante su confianza en el Señor) y Naamán le creyó.

De hecho, el general sirio respondió a su piel renovada con una confesión de fe que ninguno de los reyes de Israel, el reino del norte, haría jamás: "He aquí ahora conozco que no hay Dios en toda la tierra, sino en Israel" (2 Reyes 5:15).

Ningún evento cristaliza el amor de Eliseo por sus enemigos tanto como el atentado contra su vida descrito en 2 Reyes 6. Ya que Eliseo estaba ayudando al ejército israelita, el rey de Siria ordenó que sus hombres lo emboscaran y lo mataran. En medio de la noche, la casa del profeta se vio rodeada por "gente de a caballo, y carros, y un gran ejército" que los sirios habían enviado para asesinarlo (2 Reyes 6:14).

El profeta, sin armas, pero también sin temor, salió a enfrentarse a sus adversarios. Estos se colocaron en posición para atacar, pero fueron cegados por el Señor. Luego, Dios los llevó a creer que Eliseo mismo era su líder. En un sorprendente vuelco en la historia, su víctima escoltó a los asesinos ciegos en una travesía de unos 15 km (10 mi) hasta lo profundo del territorio de Israel. Los llevó directamente a la capital de Israel y los metió a la ciudad. Cuando las puertas se cerraron detrás de ellos y sus ojos fueron abiertos, los asesinos sirios se dieron cuenta de que habían sido capturados.

El rey de Israel, como era lógico, quería matar a estos enemigos recién arrestados, pero Eliseo le dijo: "No los mates". En cambio, mandó al rey: "Pon delante de ellos pan y agua, para que coman y beban, y vuelvan a sus señores" (2 Reyes 6:22). No satisfecho con darles solo pan y agua, Eliseo se encargó de que estaba banda de sus enemigos capturados recibiera "una gran comida" (v. 23). De hecho, Eliseo mismo preparó la comida para los hombres que, unas pocas horas antes, habían intentado matarlo.

EL AMOR VA CONTRACORRIENTE

Cuando miramos el Nuevo Testamento, vemos este mismo amor por los enemigos expresado en las enseñanzas de Cristo y de sus apóstoles. Seguramente, el mandamiento de Jesús de amar a nuestros enemigos es uno de los requerimientos más contraculturales de la Biblia. La naturaleza humana caída es arrogante y egoísta. Inevitablemente, busca ser honrada, amada y respetada. Sin embargo, un enemigo es una persona que se opone a ti, te confronta, se burla de ti y hasta desea que sufras un mal. No es necesario decir que odiar a nuestros enemigos viene por instinto.

Sin embargo, Jesús enseñó a sus seguidores: "Amad a vuestros enemigos" (Mateo 5:44; Lucas 6:27). Él nos mandó amar a quienes más tendemos a oponernos por su odio hacia nosotros y su deseo de vernos caer.

El amor es activo. Es una emoción intensa que produce compromiso. En su núcleo, el amor busca lo mejor para los demás. Un esposo ama a su esposa, de manera que desea que ella goce de protección física, provisión y alimento espirituales. Un padre ama a sus hijos, por tanto, quiere que crezcan en todo aspecto de la vida y de la piedad. Esa es la esencia del amor. Y esta es la emoción que la Biblia ordena que los creyentes tengamos hacia quienes nos aborrecen y nos persiguen.

Podemos sentirnos tentados a pensar que la neutralidad es un punto medio aceptable. Tal vez, pensamos: *No les deseo ningún mal, pero ciertamente tampoco deseo su bendición*. Sin embargo, Dios nos llama a *amar* a nuestros enemigos. No debemos meramente tolerarlos ni esperar en silencio que se vayan. En cambio, debemos amarlos. Esto requiere acción.

El mandato de amar a nuestros enemigos puede parecer injusto e ilógico. Nos parece lo opuesto a la justicia y es drásticamente diferente a la manera de vivir del mundo. Va totalmente en contra de nuestras tendencias naturales internas. La autodefensa dicta que, como mínimo, huyamos de nuestros enemigos, pero la autonegación nos llama a amarlos, porque eso fue lo que Jesús nos mandó.

Este es el asunto: No solo debemos *decir* que amamos a nuestros enemigos; debemos amarlos *en verdad*. La Biblia no se deja engañar con un amor a medias o renuente. El amor bíblico auténtico exige que nos dolamos por las pérdidas de nuestros enemigos y que nos regocijemos por sus ganancias. Queremos lo mejor para ellos porque los amamos con el amor que Dios ejemplificó. La indiferencia no es amor porque no se parece al carácter de Dios, quien ama activamente a sus enemigos.

CÓMO AMAR A LOS POCO AMABLES

Jesús no dejó a nuestra imaginación las implicaciones prácticas de amar a nuestros enemigos. De hecho, enseñó tres maneras concretas en que sus seguidores deben expresar afecto hacia quienes se les oponen.

En primer lugar, Jesús enseñó a sus discípulos: "Orad por los que os ultrajan y os persiguen" (Mateo 5:44). Una manera evidente de expresar amor es interceder en oración por quienes nos aborrecen. Podemos orar por su bendición y arrepentimiento, y podemos orar por la fuerza para soportar su oposición con paciencia y gracia.

La oración requiere disciplina. La oración que nuestro Señor describió no es una petición pasajera de una sola ocasión a Dios; es una intercesión constante y persistente que fluye de un corazón lleno de amor. La oración es una práctica y requiere un sacrificio de tiempo y de pensamiento. Buscar orar con diligencia por alguien de forma intencional es una disciplina, y Jesús nos instruyó que debemos aplicar ese esfuerzo hacia el bien de nuestros enemigos.

En segundo lugar, Jesús nos mandó: "Haced bien a los que os aborrecen" (Lucas 6:27). Una prueba sencilla de que de verdad amas a tus enemigos es hacerte la pregunta: "¿Hago lo que es mejor para ellos?". El amor auténtico anhela el beneficio de la persona amada. Ahora bien, observa que no solo debemos *anhelar* su bien, sino que también se nos manda *participar* en hacerles bien. Si nuestro enemigo tiene una necesidad, nosotros debemos ayudar a suplirla. Salomón lo expresó de la siguiente manera: "Si el que te aborrece tuviere hambre, dale de comer pan, y si tuviere sed, dale de beber agua" (Proverbios 25:21). Nuestras expresiones de amor también deberían incluir un anhelo por el bien espiritual de nuestros enemigos. Después de todo, ¿qué puede ser mejor que desear que ellos se reconcilien con Dios mediante la fe en su Hijo? Más allá de un simple deseo, debemos ser el medio de evangelizarlos. Proveerles de alimento y agua es bueno, pero tomarnos el tiempo para explicarles con paciencia el evangelio es mucho mejor. Si nuestros enemigos responden en fe, se convierten en nuestros hermanos y hermanas en Cristo, pero si responden con persecución, podemos regocijarnos en saber que nuestro galardón es grande en los cielos (Mateo 5:11-12). Cuando soportamos el sufrimiento con paciencia, nuestra vida sirve como un testimonio poderoso de la verdad del evangelio (cp. 1 Pedro 2:20). Este es el amor evangelístico.

En tercer lugar, Cristo instruyó a sus seguidores: "Prestad, no esperando de ello nada" (Lucas 6:35). Además de hacer bien y de orar por nuestros enemigos, el Señor nos pide que demos a nuestros enemigos. Cuando le prestas dinero a un enemigo, en esencia debes despedirte de esa suma. ¿Qué tipo de enemigo devuelve artículos prestados?

Es importante notar que Jesús está hablando de una verdad más profunda que el simple hecho de que tu enemigo puede robarte. Prestar implica reciprocidad. Nuestra sociedad entiende esto bien. Si le hacemos un favor a alguien (como prestarle algo que necesita), usualmente esperamos recibir un favor a cambio. Sin embargo, esa no es la actitud que Jesús quiere que tengamos hacia nuestros enemigos. Debemos prestarles sin anticipar recibir nada a cambio. Ese es el tipo de amor sacrificial al que Cristo nos llama. Debemos querer lo mejor para nuestros enemigos y buscar su bien activamente, teniendo en claro que es probable que no nos devuelvan el favor.

LA MASCULINIDAD, LA VIOLENCIA, EL AMOR Y EL PACIFISMO

Aunque el mandamiento de amar a nuestros amigos se aplica de igual modo a ambos géneros, en un sentido, tiene implicaciones específicas para el varón. Los hombres son más fuertes físicamente que las mujeres y los esposos deben ser los protectores de su esposa. Cuando las naciones van a la guerra, históricamente han sido los hombres quienes han sacrificado su vida por su país. Es correcto pensar que la masculinidad incluye atributos como la fuerza, la audacia y la valentía. La disposición para defender la justicia, pelear por los oprimidos y entregar nuestra vida en pro de un principio más grande ciertamente es parte de lo que significa ser un varón honrado. Sin embargo, la valentía solo es noble cuando está ligada indisolublemente a un amor verdadero por los enemigos. Cuando este afecto está ausente, la masculinidad militarizada es barbárica, no bíblica.

El estereotipo de la masculinidad bravucona es el polo opuesto del amor que Jesús prescribió. Cualquier cultura que defina la masculinidad únicamente en términos de violencia bruta se queda corta del estándar bíblico. La verdadera masculinidad demuestra un amor genuino por otros. En nuestra cultura (incluso entre evangélicos) es frustrante ver que la masculinidad suele relacionarse más con las artes marciales que con ser pacificador.

Por otro lado, el llamado a amar a nuestros enemigos no implica pacifismo radical ni ausencia de violencia en cualquier situación. El mismo ejemplo de Eliseo nos sirve de evidencia. Bajo la dirección de Dios, Eliseo mató a muchos seguidores de Baal (1 Reyes 19:17). Sin embargo, también reprendió al rey de Israel por negarse a tratar a sus enemigos con amor (2 Reyes 6:22). ¿De qué forma podemos reconciliar ambas cosas? En primer lugar, debe ser evidente que la no violencia y el amor no son la misma cosa. Puede que poner la otra mejilla demuestre dominio propio, pero, a menos que fluya de un corazón de afecto sincero, se queda corto del estándar de Dios.

En segundo lugar, Dios ha puesto a todo varón en medio de un conjunto de relaciones complejas, cada una con una prioridad diferente. Somos parte del pueblo de Cristo. Tenemos una familia, amigos y conocidos. Somos residentes de una ciudad y ciudadanos de un país. La Biblia nos manda servir a la iglesia, obedecer al gobierno y honrar al rey. De la misma manera, Dios nos exige amar a nuestra esposa, a nuestros hijos, a nuestros vecinos y a nuestros enemigos.

Estos mandamientos tienen aplicaciones diferentes y, en muchas ocasiones, entran en conflicto entre sí. Por ejemplo, si el gobierno nos manda hacer algo que contradiga la Biblia, nuestra obediencia a Dios (nuestra prioridad suprema) supera la fidelidad a nuestro país (una prioridad secundaria). De manera similar, si un amigo o miembro de nuestra familia está en peligro físico y estamos en posición para defenderlo, entonces la prioridad de nuestro amor por ese individuo debe guiar nuestra respuesta al enemigo, incluso si esta respuesta requiere de fuerza física. Si tenemos que elegir entre proteger a nuestra familia (una prioridad principal) y tratar con amor a nuestro enemigo (una prioridad secundaria), la decisión no es difícil. Negarnos a proteger físicamente a una víctima de violencia es negarnos a amar a esa persona, y ese tipo de pacifismo (en aras de amar a nuestros enemigos) resulta irónicamente en una falta de amor.

El punto es que la verdadera masculinidad no se define ni por la fuerza bruta ni por la no violencia total. Por eso, la Biblia puede mandarnos que pongamos la otra mejilla y, al mismo tiempo, recordarnos que el gobierno lleva la espada para castigar a los que hacen maldad (Mateo 5:39; Romanos 13:4). Una marca de la madurez cristiana es la capacidad para tratar con amor a un enemigo a expensas de uno mismo y, al mismo tiempo, entender la responsabilidad que se debe a la familia y a la comunidad.

POR QUÉ EL ENEMIGO ES UN PRÓJIMO

Cuando los sirios abrieron sus ojos y descubrieron que habían sido atrapados por Eliseo, probablemente pensaron que una muerte rápida era lo mejor que podían esperar. El rey de Israel estaba listo para concederles este deseo. La intervención de Eliseo a favor de ellos es notable por la sabiduría que demuestra.

Eliseo detuvo el plan del rey y le recordó que, en esencia, la ley dice que el pueblo de Dios debe amar a sus enemigos. De hecho, la ley dice que el pueblo de Dios debe amar al prójimo (Levítico 19:18). Los fariseos de la época de Jesús (casi setecientos años después de Eliseo) interpretaron esto de la siguiente manera: "¡Genial! Amaré a mi prójimo y aborreceré a mi enemigo". Sin embargo, Eliseo le dijo al rey que, al llevar a sus enemigos a su ciudad, el rey los había convertido en sus prójimos.

Por esta razón, los fariseos, que de seguro conocían la historia de Eliseo, no debieron sorprenderse por las palabras de Jesús en el Sermón del Monte (Mateo 5:44). Jesús pronunció una verdad que Eliseo había entendido, pero que los santurrones habían olvidado. Si una persona se opone a ti de forma constante, se vuelve tu prójimo debido a la cercanía que tiene contigo. Por eso, una de las razones por las que debes amar a nuestro enemigo es porque *es* tu prójimo.

Lo más probable es que nuestros enemigos no sean extraños, sino más bien personas en nuestra familia, iglesia o trabajo. Eliseo recibió más oposición de los israelitas que de los sirios. De hecho, el mismo rey de Israel que vio a Eliseo dar de comer a los sirios, después ordenó que le cortaran la cabeza al profeta

(2 Reyes 6:31). Los israelitas lo rechazaron porque se habían rebelado contra Dios y así es como funciona siempre. Cuando el pueblo rechaza al Señor, inevitablemente se opondrá a los que pertenecen a Él.

LA RAZÓN POR LA QUE AMAMOS A LOS POCO AMABLES

La Palabra de Dios nos da dos razones sorprendentes por las que debemos amar a nuestros enemigos. Primero, porque *Dios es amor*. Los cristianos debemos ser "imitadores de Dios" (Efesios 5:1). En el contexto de Efesios 4 y 5, este mandamiento se refiere a perdonar a quienes nos han ofendido. Esto ciertamente se aplica también a amar a nuestros enemigos.

Dios tiene muchos enemigos. El mundo está lleno de personas que se han separado de Él. Incluso nosotros los creyentes antes fuimos hostiles hacia la verdad (Romanos 5:10). A pesar de esto, Dios es el ejemplo de cómo amar a un enemigo. Cuando seguíamos enemistados contra Él, Cristo murió por nosotros.

Los pecadores merecen el infierno inmediato. Sin embargo, Dios, en su paciencia, les permite disfrutar de vida y les da tiempo para arrepentirse, aunque la mayoría nunca lo hace. Un ejemplo evidente de la gracia común de Dios hacia el impío es la lluvia. Cuando cae la lluvia, no solo lo hace sobre quienes aman a Dios, sino también sobre quienes se han rebelado contra Él. De la misma manera, el sol sale tanto sobre justos como sobre injustos.

Jesús mencionó el sol y la lluvia como demostraciones del amor de Dios por sus enemigos. Él dijo: "Amad a vuestros enemigos […] para que seáis hijos de vuestro Padre que está en los cielos, que hace salir su sol sobre malos y buenos, y que hace llover sobre justos e injustos" (Mateo 5:45). Si Dios puede extender paciencia y bondad hacia sus enemigos, entonces nosotros también debemos amar a los nuestros.

Una segunda razón por la que podemos amar a nuestros enemigos es porque *Dios es soberano*. Puede que esta no sea una verdad fácil de apreciar, pero la realidad es que Dios nos dio a nuestros enemigos. No aparecieron de la nada, sino que más bien existen bajo la autoridad y los propósitos soberanos de Dios. Él gobierna el mundo y nada sucede fuera de su prescripción o permiso. Nuestros enemigos pecan a menudo contra nosotros y serán juzgados por sus actos. Al mismo tiempo, siempre es bueno recordar que están también bajo la autoridad suprema de Dios.

La realidad es que, al igual que todo lo demás en la vida, Dios usa a nuestros enemigos para nuestro bien y para su gloria (Romanos 8:28). Un ejemplo evidente de esto se encuentra en 2 Corintios 12, donde Pablo rogó a Dios que le quitara "un aguijón en [su] carne" (v. 7). El contexto deja claro que este "aguijón" era una persona que se oponía al ministerio de Pablo, probablemente un falso maestros que buscaba desacreditarlo. Aunque Pablo pidió tres veces que le fuera quitado este aguijón, se le dijo que debía soportar el sufrimiento y aprender a depender por completo de la gracia de Dios (v. 9). El enemigo de Pablo fue el instrumento de Dios para su santificación. Es más fácil amar a nuestros enemigos cuando entendemos que fueron enviados por el Señor para nuestro bien y para su gloria.

EL PODER DE LA RECONCILIACIÓN

Comenzamos este capítulo con la historia de Martin Seliane y de Adriaan Vlok.

Cuando finalizó el *apartheid* en 1994, la esposa de Adriaan Vlok se suicidó. El antiguo ministro de Ley y Orden veía su vida desmoronarse y, casi con certeza, sería sometido a un juicio por las atrocidades que se cometieron bajo su dirección. Su desesperación lo llevó a una iglesia cristiana, donde entregó su vida a Jesucristo. Luego, Adriaan buscó a sus viejos enemigos, muchos de los cuales habían sobrevivido a penas a sus intentos anteriores por matarlos, y se arrepintió de sus hechos. A menudo, lavó en público los pies de las personas que, unos pocos años antes, había buscado matar.

Mientras tanto, Martin Seliane (el antiguo líder dentro del partido de oposición), asistió a una reunión de Campus Crusade (Cruzada Estudiantil y Profesional para Cristo). Después de mirar la película de *Jesús*, también se volvió cristiano. Se enamoró del poder de la Biblia para transformar vidas, asistió al seminario y llegó a ser pastor en una de las regiones más pobres de Sudáfrica. Cuando escuchó en las noticias locales que Adriaan, su viejo enemigo, se había vuelto cristiano, lo invitó a predicar en su iglesia.

Esta invitación produjo una de las escenas más memorables en la Sudáfrica después del *apartheid*. El antiguo verdugo de la segregación racial llegó a esta aldea de paracaidistas para predicar en la iglesia de su ex enemigo. Veinte años antes, cualquiera de los dos habría matado al otro, pero ahora, en Cristo, ambos estaban de pie juntos como un ejemplo vivo de lo que significa amar a nuestro enemigo.

En todas sus peleas y matanzas anteriores, estos hombres habían personificado la perspectiva de su cultura de la masculinidad. Ahora, como nuevas criaturas en Cristo, armados de un amor sobrenatural el uno por el otro, ejemplificaron una profunda verdad bíblica: *Los hombres verdaderos aman a sus enemigos*.

PREGUNTAS DE REFLEXIÓN PERSONAL

1. ¿Qué fue lo más interesante que aprendiste sobre la vida de Eliseo en este capítulo?
2. Según las Escrituras, ¿existe alguna razón apropiada para no amar a nuestros enemigos? ¿Por qué es tan difícil mostrar amor a un enemigo?

3. ¿A quién consideras un enemigo? En términos prácticos, ¿qué puedes hacer para mostrar amor a esa persona?
4. ¿De qué formas tu actitud hacia tus enemigos debe reflejar la actitud de Cristo? ¿Cómo respondió Él a quienes lo aborrecieron?
5. La forma más importante en que puedes mostrar amor a tu enemigo es compartirle las buenas nuevas del evangelio. ¿Por qué es esto?
6. Lee los "Pasajes bíblicos para profundizar más". Al hacerlo, menciona de qué forma cada pasaje afirma, aclara o aplica las verdades que has aprendido en la lectura de este capítulo. ¿Algún otro versículo te viene a la mente?

PASAJES BÍBLICOS PARA PROFUNDIZAR MÁS

Mateo 5:38-47; Romanos 12:17-20; 1 Pedro 2:20-24; 1 Pedro 3:14-17; 1 Juan 4:7-11.

14

El hombre verdadero comparte el evangelio

Lecciones del libro de los Hechos

KEVIN EDWARDS

Todo verdadero cristiano desea compartir el evangelio con otros; sin embargo, muchas veces no hacemos lo que quisiéramos. Por una u otra razón, permitimos que otras cosas menos importantes remplacen lo que es más importante para Dios. Compartir las buenas nuevas con otros es una de las responsabilidades más grandes que hemos recibido. Sin embargo, para muchos creyentes, a menudo se ve eclipsada por otras actividades que parecen más urgentes o divertidas. El objetivo de este capítulo es ayudarte a levantarte de la banca de aficionados del evangelismo y entrar al campo de juego como participante activo. Al ver el ejemplo de Jesús y de sus apóstoles, rápidamente recordamos una característica clave de la masculinidad cristiana: *El hombre verdadero comparte el evangelio.*

Para entender qué tan importante es esto para Dios, comencemos viendo lo que Jesús mismo dijo sobre lo que significa seguirlo de verdad.

JESUCRISTO, EL TESTIGO PERFECTO DEL EVANGELIO

Cuando Jesús reveló a sus discípulos su identidad como Hijo de Dios, rápidamente tuvo que corregir sus expectativas. Ellos buscaban a un Mesías que descendiera del cielo, eliminara a los invasores romanos que gobernaban Israel y materializara de forma instantánea las bendiciones que Dios había prometido en el Antiguo Testamento a su pueblo (Efesios 3:12-20).

Sin embargo, sus discípulos no entendieron que, antes de la llegada de la gloria del reino mesiánico, el Mesías tenía que sufrir (Isaías 53:1-12). De manera que el Señor tuvo que informarles lo que le costaría ser su Salvador: "Comenzó a enseñarles que le era necesario al Hijo del Hombre padecer mucho, y ser desechado por los ancianos, por los principales sacerdotes y por los escribas, y ser muerto, y resucitar después de tres días" (Marcos 8:31; cp. Mateo 16:21). Jesús les explicó que su propio camino a la gloria eterna pasaba por la cruz.

Al describir su propio sufrimiento, el Señor definió el costo de ser su discípulo: "Si alguno quiere venir en pos de mí, niéguese a sí mismo, y tome su cruz, y sígame" (Mateo 16:24). Seguir a Jesús comienza con autonegación, con remplazar todos los deseos egoístas del pecado con una pasión única por obedecerlo y seguirlo, sin importar lo que venga adelante. El verdadero discípulo está dispuesto a tomar la cruz, a dar el primer paso en el sendero de la muerte y a sufrir humillación, dolor y hasta martirio.

Acudir a Jesucristo para ser salvo no significa levantar la mano ni firmar una tarjeta, aunque puede ser que estas cosas sucedan en el momento del arrepentimiento. En cambio, acudir a Él significa llegar al final de nosotros mismos y de nuestro propio pecado y anhelar tanto a Cristo y su justicia que estemos dispuestos a hacer cualquier sacrificio necesario para seguirlo. Este es el tipo de compromiso que caracteriza a los discípulos genuinos e incluye la disposición para compartir con otros del Salvador. Incluso, implica estar dispuestos, si fuera necesario, a morir para llevar el evangelio a los perdidos.

Sin embargo, muchos cristianos no viven así y, mucho menos, evangelizan así. Demasiados creyentes piensan que ser un testigo consiste en decirles a otros que pueden tener una vida mejor y más sencilla si aceptan a Jesús, pero ese no es el mensaje que Él enseñó a sus discípulos ni el que estos proclamaron al mundo.

EL EVANGELIO QUE JESÚS PREDICÓ

El evangelio de Jesús no es el mensaje simplón ni tampoco el de salud y prosperidad que tan a menudo escuchamos hoy. Cuando el Señor comenzó su ministerio público en la tierra, "comenzó [...] a predicar, y a decir: Arrepentíos, porque el reino de los cielos se ha acercado" (Mateo 4:17). En otro pasaje, leemos que Jesús predicaba "el evangelio del reino de Dios, diciendo: El tiempo se ha cumplido, y el reino de Dios se ha acercado; arrepentíos, y creed en el evangelio" (Marcos 1:14-15). Él les dijo a los fariseos: "No he venido a llamar a justos, sino a pecadores al arrepentimiento" (Lucas 5:32). El evangelio que Jesús proclamaba comenzaba con un llamado al arrepentimiento.

El arrepentimiento del pecado era un tema central en el mensaje de Jesús. Él comenzó su ministerio terrenal exigiendo arrepentimiento y su último encargo a sus discípulos fue que predicaran el arrepentimiento (Lucas 24:47). Ahora bien, ¿qué significa exactamente *arrepentirse*? Cuando el pecador se arrepiente, se da la media vuelta, deja atrás el pecado y busca de todo corazón a Dios en fe, humildad y obediencia. Juan el Bautista predicó este evangelio (Mateo 3:2) antes del ministerio público de Jesús, así como después los apóstoles.

Una descripción útil del arrepentimiento se encuentra en 2 Corintios 7:10-11. Allí, el apóstol Pablo escribió:

> La tristeza que es según Dios produce arrepentimiento para salvación, de que no hay que arrepentirse; pero la tristeza del mundo produce muerte. Porque he aquí, esto mismo de que hayáis sido contristados según Dios, ¡qué solicitud produjo en vosotros, qué defensa, qué indignación, qué temor, qué ardiente afecto, qué celo, y qué vindicación!

La tristeza del mundo puede producir una respuesta emocional provocada por sentimientos de vergüenza, culpa y hasta remordimiento. Sin embargo, la tristeza piadosa es una categoría diferente porque resulta en un arrepentimiento real y duradero.

Esta última produce una tristeza genuina por el pecado. Hace que el ofensor busque con avidez lo correcto, huya genuinamente de su maldad, pruebe la verdad de su arrepentimiento a otros y aborrezca la iniquidad que antes amó. Luego, se compromete a no volver a deshonrar a su Salvador y a restaurar las relaciones rotas, busca arreglar las cosas y decide caminar en santidad.

Cuando Jesús llamaba a las personas a arrepentirse, los que en verdad daban la espalda a su pecado tenían un deseo inmediato dado por Dios de luchar por la pureza en todos los aspectos de la vida. Ya no eran esclavos del pecado, sino más bien esclavos de Cristo; esta transformación era evidente en su forma de vivir. Después de la muerte y resurrección de Jesús, Él dio la siguiente comisión a sus discípulos: "Id, y haced discípulos a todas las naciones" (Mateo 28:19). Como apóstoles enviados por Cristo para anunciar las buenas nuevas, predicaron el mismo mensaje de arrepentimiento que Jesús había predicado.

LA PREDICACIÓN DE LOS APÓSTOLES: UN MENSAJE DE ARREPENTIMIENTO

El primer sermón en el libro de los Hechos, predicado por Pedro en el día de Pentecostés, fue sin dudas un mensaje de arrepentimiento. Pedro habló delante de miles de personas en Jerusalén y les explicó con poder que Aquel a quien habían crucificado era en verdad el Mesías, su Señor y Salvador. "Al oír esto, se compungieron de corazón, y dijeron a Pedro y a los otros apóstoles: Varones hermanos, ¿qué haremos? Pedro les dijo: Arrepentíos, y bautícese cada uno de vosotros en el nombre de Jesucristo para perdón de los pecados; y recibiréis el don del Espíritu Santo" (Hechos 2:37-38). Aquel día, tres mil personas comenzaron a seguir a Cristo.

El segundo sermón que Pedro predicó fue después de la sanación milagrosa del mendigo paralítico en el templo (Hechos 3). Cuando las multitudes se reunieron alrededor de ellos en sorpresa, Pedro les dejó claro que el poder para sanar a este hombre no había venido de él, sino de Dios, quien por su poder también había levantado a Jesús de entre los muertos. Pedro llamó al pueblo a responder a Dios y les dijo: "Arrepentíos y convertíos, para que sean borrados vuestros pecados" (Hechos 3:19).

El mensaje de Pedro no cambió cuando los líderes espirituales de Israel lo encarcelaron, junto con los demás apóstoles, y les ordenaron que dejaran de hablar a la gente de Cristo. Después de ser liberados milagrosamente de la cárcel y de regresar al templo a predicar, Pedro y los apóstoles les explicaron a los líderes espirituales por qué no podían dejar de proclamar el evangelio:

> Es necesario obedecer a Dios antes que a los hombres. El Dios de nuestros padres levantó a Jesús, a quien vosotros matasteis colgándole en un madero. A este, Dios ha exaltado con su diestra por Príncipe y

Salvador, para dar a Israel arrepentimiento y perdón de pecados. Y nosotros somos testigos suyos de estas cosas, y también el Espíritu Santo, el cual ha dado Dios a los que le obedecen (Hechos 5:29-32).

El llamado al arrepentimiento no fue bien recibido por estos líderes religiosos. Los apóstoles por poco fueron ejecutados (v. 33), pero finalmente fueron azotados y puestos en libertad (v. 40). Incluso ante el sufrimiento y el posible martirio, cumplieron su deber de predicar el mensaje de arrepentimiento.

Otro ejemplo de este énfasis apostólico está en Hechos 17. Pablo, indignado ante la idolatría generalizada de los habitantes de Atenas, les anunció que "Dios, habiendo pasado por alto los tiempos de esta ignorancia, ahora manda a *todos los hombres en todo lugar, que se arrepientan*; por cuanto ha establecido un día en el cual juzgará al mundo con justicia, por aquel varón a quien designó, dando fe a todos con haberle levantado de los muertos" (vv. 30-31). Tiempo después, cuando se levantó en su defensa ante Agripa, Pablo reiteró la verdad de que el mensaje del arrepentimiento era una parte central de su misión evangelística. Dijo así al rey: "No fui rebelde a la visión celestial, sino que anuncié primeramente a los que están en Damasco, y Jerusalén, y por toda la tierra de Judea, y a los gentiles, que se arrepintiesen y se convirtiesen a Dios, haciendo obras dignas de arrepentimiento" (Hechos 26:19-20).

El mensaje del evangelio que los apóstoles predicaron siempre exhortaba a los pecadores a arrepentirse y a aceptar a Cristo. Ellos fueron fieles en predicar el evangelio tal como lo habían recibido de Jesús; nosotros debemos hacer lo mismo. Tristemente, la iglesia actual ha diluido el mensaje del evangelio y a veces elimina el énfasis en el pecado y en la necesidad de arrepentirse de él. Sin embargo, el evangelio verdadero, el que predicaron Jesús y los apóstoles y el que debemos predicar nosotros también, exige una fe genuina y un arrepentimiento de corazón, es decir, una disposición sincera a apartarnos del pecado y a seguir a Cristo.

LA PERSPECTIVA DE LOS APÓSTOLES: UNA VIDA DE SACRIFICIO

Los apóstoles entendieron de forma correcta el evangelio. También demostraron una disposición valiente para sufrir por la verdad. Fueron fieles en negarse a sí mismos, tomar su cruz cada día y seguir a Cristo. Su sacrificio por el evangelio implicó ir a culturas extrañas, mantener un compromiso inamovible y pagar un precio desconocido.

Culturas extrañas

Cuando Jesús dio su encargo final a sus apóstoles, enfatizó que el evangelio debía ser proclamado en "todas las naciones" (Mateo 28:19). Los apóstoles debían llevar el evangelio a personas que no conocían y a culturas que les eran extrañas. El Señor les dijo: "Recibiréis poder, cuando haya venido sobre vosotros el Espíritu Santo, y me seréis testigos en Jerusalén, en toda Judea, en Samaria, y hasta lo último de la tierra" (Hechos 1:8). Aquí, encontramos el bosquejo del resto del libro de los Hechos: la estrategia de Dios para la expansión del evangelio.

A lo largo de los Hechos, vemos cómo Dios puso en marcha ese plan, comenzando desde Jerusalén con Pedro y Esteban, pasando por el resto de Judea y la vecina Samaria con Felipe y Pedro y, finalmente, hasta lo lejos en Roma con Pablo. Al principio, a Pedro y a los demás apóstoles no les fue fácil entender que la expansión del evangelio tenía que llegar hasta fuera de Israel. Pedro tuvo que recibir, en visión de Dios, la verdad de que "Dios no hace acepción de personas, sino que en toda nación se agrada del que le teme y hace justicia" (Hechos 10:34-35).

El principio aquí es que todos nosotros somos responsables, con la ayuda de Dios, de llevar el evangelio más allá de nuestra familia, nuestra comunidad y nuestra ciudad. Esto requiere sacrificio y una disposición para colocarnos en situaciones en las que podamos conocer a incrédulos, aun si su trasfondo cultural nos es desconocido. Dios quiere que el evangelio llegue a personas de todas las naciones. Ser un discípulo de Cristo significa participar de forma activa en las misiones, tanto del otro lado de la calle como alrededor del mundo.

Un compromiso inamovible

Con valentía y fidelidad, los apóstoles soportaron persecución y dificultades por causa del avance del evangelio en múltiples ocasiones. Ellos se comprometieron a obedecer la Gran Comisión sin importar las consecuencias. De hecho, el apóstol Pablo sufrió grandemente por causa de este compromiso. En 2 Corintios 11:21-30, resaltó algunas de las maneras en que había sufrido por el evangelio, incluyendo trabajos y travesías, naufragios y desvelos, hambre y peligro constante de muerte. Enfrentó "peligros de ríos, peligros de ladrones, peligros de los de [su] nación, peligros de los gentiles, peligros en la ciudad, peligros en el desierto, peligros en el mar [y] peligros entre falsos hermanos" (v. 26).

Es interesante que Pablo escribió 2 Corintios cerca del 55 d.C., durante su tercer viaje misionero (cp. Hechos 20:2-3). Sin embargo, en el relato de Hechos hasta ese punto, solo se menciona una vez en que Pablo fue azotado (en Filipos, Hechos 16:22), un encarcelamiento (también en Filipos, Hechos 16:23) y una lapidación que lo dejó al borde de la muerte (en Listra, Hechos 14:19). Lo increíble entonces es que solo una pequeña parte de los muchos sufrimientos de Pablo se registraron en el libro de los Hechos. Claramente, Pablo fue un hombre que sufrió de forma tremenda por el evangelio y, aun así, su compromiso nunca falló.

Él enfrentó muchos peligros y soportó mucho sufrimiento y Dios honró su fidelidad e hizo avanzar el evangelio por medio de él. El valiente apóstol no era un masoquista, ni se colocaba adrede en situaciones peligrosas solo para poder decir que había sufrido. Sin embargo, sí estaba dispuesto a sufrir si eso es lo que exigía su fidelidad. Un verdadero discípulo está listo para hacer todo a su alcance para extender las buenas nuevas y está confiado en que Dios lo ayudará a permanecer obediente hasta en las dificultades más graves.

El compromiso sacrificial de Pablo con predicar el evangelio significó que hizo mucho más que plantar la semilla y luego marcharse. Cuando los incrédulos respondían a su mensaje, se aseguraba de que pudieran arraigarse en su fe y conectarse con la iglesia local, antes de proseguir a la siguiente ciudad. Tuvo cuidado de nombrar líderes piadosos en las iglesias que plantaba para que la congregación sobreviviera cuando él se fuera. A veces, se quedó durante períodos prolongados en ciertas ciudades (como Corinto y Éfeso) para capacitar y alentar a los cristianos de esa región. En su ausencia, escribió cartas a las iglesias y los animó constantemente a permanecer fieles al Salvador. Pablo estaba profundamente comprometido con la santificación de los creyentes, incluso cuando no estaba con ellos. Tal como lo deja claro la Gran Comisión, la meta del evangelismo no es solo producir *convertidos*, sino también hacer *discípulos*. Ser testigos fieles requiere estar listos para comprometer nuestro tiempo y energía, con sacrificio, a los que responden al evangelio para enseñarles la sana doctrina y ayudarlos a crecer en semejanza a Cristo.

Un precio desconocido

Cuando la iglesia en Jerusalén comenzó a crecer, los apóstoles persistieron "en la oración y en el ministerio de la palabra" para poder cumplir la tarea que el Señor les había dado: hacer discípulos (Hechos 6:4; cp. Mateo 28:19). Dios bendijo a la iglesia y "[crecía] el número de los discípulos" (Hechos 6:1). A medida que más personas se arrepentían y creían en Cristo, el número de los creyentes crecía. Fue necesario escoger a más líderes para pastorear a los nuevos convertidos y enseñarles la Palabra del Señor. Uno de esos líderes fue Esteban.

Esteban fue un hombre de la Palabra. Lucas, el autor de Hechos, dijo que Esteban era un "varón lleno de fe y del Espíritu Santo" (Hechos 6:5). Este fue elegido como uno de los siete "varones de buen testimonio, llenos del Espíritu Santo y de sabiduría" que se harían cargo de las necesidades físicas de la iglesia en Jerusalén (Hechos 6:3). Uno de los pocos detalles que encontramos en la Biblia respecto al ministerio de Esteban en la iglesia fue que "hacía grandes prodigios y señales entre el pueblo" (Hechos 6:8). También, él es uno de los pocos hombres en la historia que dio un sermón que fue registrado en su totalidad en la Biblia (en Hechos 7). Asimismo, es el primer mártir de la iglesia que se menciona. La respuesta de los oyentes de Esteban a su mensaje fue asesinarlo; esto nos muestra que debemos estar listos para pagar cualquier precio con tal de proclamar el evangelio.

El sermón de Esteban en respuesta a las falsas acusaciones que le hacían los líderes religiosos de Israel estuvo completamente centrado en el evangelio. Él predicó sobre la historia de la nación, desde los días de Abraham hasta la construcción del templo de Salomón. Al repasar la desobediencia repetida del pueblo, Esteban demostró que ellos siempre habían rechazado la instrucción de Dios, ya fuera de parte de Moisés, de los profetas, de los sacerdotes o hasta del Hijo mismo de Dios. Cuando el Mesías esperado llegó y predicó el arrepentimiento y la salvación del pecado, el pueblo se rebeló una vez más contra Dios y mataron al Salvador.

Ser enfrentados de esta manera fue más de lo que audiencia de Esteban pudo soportar. Al final del sermón, los líderes religiosos lo apedrearon, pero antes de morir, él oró: "Señor, no les tomes en cuenta este pecado" (Hechos 7:60). Con su último aliento, intercedió por sus asesinos y, así, evocó la oración de Cristo en la cruz por quienes lo habían crucificado. Esteban pagó el precio más alto que alguno pudiera pagar por predicar el evangelio. Le costó la vida.

EL PODER DE LOS APÓSTOLES: DEPENDENCIA DEL ESPÍRITU

El nivel de sacrificio que demostraron los apóstoles claramente fue más allá de sus propias fuerzas. La respuesta al evangelio (una invitación para abandonar todo y seguir a un Mesías crucificado) fue muy superior a lo que cualquiera pudiera haber esperado, en términos humanos. Así pues, ¿de dónde sacaron el valor para predicar el evangelio? Y ¿de dónde vino la convicción para arrepentirse y creer el mensaje?

Antes que Jesús regresara al cielo, enmarcó la Gran Comisión con dos verdades increíbles. Dijo a sus seguidores: "*Toda potestad me es dada en el cielo y en la tierra*. Por tanto, id, y haced discípulos a todas las naciones, bautizándolos en el nombre del Padre, y del Hijo, y del Espíritu Santo; enseñándoles que guarden todas las cosas que os he mandado; *y he aquí yo estoy con vosotros todos los días, hasta el fin del mundo*" (Mateo 28:18-20).

El Señor no dejó solos a sus discípulos para cumplir la misión titánica que les había dado. En cambio, les recordó su autoridad soberana absoluta y su presencia perpetua. Él les daría el poder para cumplir su misión. En Hechos 1:8, Jesús dijo a sus apóstoles: "Recibiréis poder, cuando haya venido sobre vosotros el Espíritu Santo, y me seréis testigos en Jerusalén, en toda Judea, en Samaria, y hasta lo último de la tierra". Los discípulos ya habían sido testigos del poder del Espíritu Santo en la salvación y mediante los milagros de Jesús. Sin embargo, ahora les estaba prometiendo una nueva dimensión de este poder que recibirían cuando fueran llenos del Espíritu Santo en Pentecostés.

El poder del Espíritu en la predicación del evangelio está resaltado en todo el libro de los Hechos (cp. 2:47; 6:7; 9:31; 12:24; 16:5; 19:20; 28:30-31). Aunque el libro se titula "Los Hechos de los apóstoles", en realidad debería ser: "Los Hechos del Espíritu Santo que dio poder a los apóstoles". A pesar de probabilidades casi imposibles, el evangelio fue proclamado con poder y miles respondieron en fe y arrepentimiento. Si esto hubiera dependido tan solo del esfuerzo humano, seguramente habría fracasado. Los apóstoles habrían tirado la toalla y los santos se habrían rendido. Sin embargo, la presencia y el poder de Dios garantizó que su misión no sería derrotada y que esta seguirá expandiéndose hasta que Él regrese.

Esta realidad hizo que todo cambiara para los apóstoles. También debería hacerlo para nosotros. Como testigos fieles del evangelio, podemos descansar en la verdad de que nuestro trabajo y sacrificio viene con el poder de Dios mismo. Nada puede detenerlo a Él ni su plan. Al proclamar su verdad, podemos hacer todo lo que nos pide, sin importar el precio, porque Él es nuestra fortaleza y siempre está con nosotros como Salvador. Equipados con esta verdad, como hombres piadosos, podemos ser hallados fieles en cumplir su llamado si proclamamos su evangelio.

PREGUNTAS DE REFLEXIÓN PERSONAL

1. ¿Por qué resulta tan difícil a tantos cristianos compartir el evangelio? ¿Cuál es el mayor reto para tu personalidad?
2. ¿Qué revela una indisposición por compartir el evangelio sobre la relación de esa persona con Cristo? ¿Qué debe cambiar en tu propia vida para que crezca tu pasión por el evangelismo?

3. En tu presentación del evangelio, ¿qué papel debe tener el mensaje del arrepentimiento? ¿De qué forma explicarías el evangelio a un incrédulo?
4. Como hombre y líder piadoso de tu hogar, ¿qué puedes hacer para comunicar al resto de tu familia la importancia del evangelismo? Si no estás haciendo estas cosas, ¿qué pasos puedes tomar para cambiar?
5. Como vimos en este capítulo, proclamar el evangelio requiere un sacrificio personal. ¿Cuál debe ser tu respuesta a esta realidad?
6. Lee los "Pasajes bíblicos para profundizar más". Al hacerlo, menciona de qué forma cada pasaje afirma, aclara o aplica las verdades que has aprendido en la lectura de este capítulo. ¿Algún otro versículo te viene a la mente?

PASAJES BÍBLICOS PARA PROFUNDIZAR MÁS

Mateo 5:14-16; Mateo 28:18-20; Lucas 24:45-47; Romanos 1:16; Romanos 10:9-15; Efesios 6:19-20; 2 Timoteo 4:1-2, 5; 1 Pedro 2:12.

15

El hombre verdadero ama a la iglesia

Lecciones de la vida de Pablo

BRENT SMALL

¿Amas a la iglesia? Si eres cristiano, la respuesta debería ser un "¡Sí!" abrumador. Sin embargo, cada vez más varones evangélicos no están seguros. Si visitas una librería cristiana, descubrirás títulos como estos: *¿Por qué los hombres odian ir a la iglesia?* y *Corazón salvaje: Descubre el secreto del alma del hombre*. Ante estadísticas recientes, que demuestran que más del 60% de los asistentes regulares a la iglesia son mujeres, libros como estos hacen la pregunta evidente: ¿Dónde están todos los varones? Es obvio que algo anda mal.

Desafortunadamente, muchos libros de este tipo, después de identificar correctamente el problema, ofrecen soluciones equivocadas. Algunos sugieren que las iglesias deberían reestructurarse por completo para volverse atractivas para los hombres, incluso si el resultado final no se parece en nada al paradigma bíblico para la iglesia. Otros defienden soluciones más extremas y animan a los varones a abandonar por completo los servicios dominicales y, en cambio, participar en actividades más "masculinas", como el ciclismo de montaña o el campismo en la naturaleza. Sin embargo, este tipo de soluciones siempre terminan en un desastre espiritual. En realidad, la única respuesta correcta es llamar a los varones cristianos a amar a la iglesia, tal como Dios les ha mandado hacer. Si un hombre no ama al cuerpo de Cristo, el problema no es la iglesia, sino él. Ciertamente, ninguna iglesia local es perfecta. Aun así, esta no es una excusa para evitarla ni para descuidarla. Considera las palabras de Charles Spurgeon, el famoso predicador británico de hace más de un siglo:

> Entrégate a la iglesia. Los que de entre ustedes son miembros de la iglesia saben que esta no es perfecta, y espero que casi agradezcan que no lo es. Si no me hubiera unido a una iglesia hasta haber encontrado la iglesia perfecta, ¡nunca me habría unido a una! Y, en el momento de unirme, de haberla encontrado, la habría echado a perder, pues no es posible que siguiera siendo perfecta conmigo como miembro. Aun así, por imperfecta que sea, sigue siendo el lugar más preciado en la tierra para nosotros [...]. Todos los que se han dado primeramente al Señor deben, tan pronto como les sea posible, darse también al pueblo del Señor. ¿De qué otra manera existiría la iglesia en la tierra? Si para alguno fuera correcto abstenerse de la membresía en la iglesia, lo sería también para todos y, entonces, ¡el mundo se perdería del testimonio de Dios!

Ya he dicho que la iglesia tiene fallas, pero esta no es una excusa para no unirte a una, si eres del Señor. Tampoco deben tus propias fallas mantenerte alejado, pues la iglesia no es una institución para personas perfectas, sino más bien un santuario para pecadores salvados por gracia, que, aunque son salvos, siguen siendo pecadores y necesitan toda la ayuda que puedan recibir de la simpatía y la guía de otros creyentes. La iglesia es la guardería de los débiles hijos de Dios, donde pueden nutrirse y crecer fuertes. Es el rebaño de las ovejas de Cristo; es el hogar de la familia de Cristo.[1]

El hombre verdadero ama a la iglesia a pesar de sus fallas. Lo hace principalmente porque ama al Señor y la iglesia es su novia. Es el lugar donde se predica la Palabra de Dios, donde se cantan sus alabanzas y donde se reúne su pueblo. Juntarse con los santos cada domingo debería ser el gozo supremo del cristiano. Los que tienden al aburrimiento o a la indiferencia cuando se trata de la iglesia harían bien en prestar atención al solemne consejo de Pablo en 2 Corintios 13:5: "Examinaos a vosotros mismos si estáis en la fe".

Sin embargo, para los que pertenecen a Cristo, la iglesia es el lugar más preciado en la tierra. Tan solo estar allí es un deleite profundo. Por tanto, en la congregación en la que Dios nos ha puesto, debemos convertirnos, como solía decir uno de mis profesores de seminario, "eclesiásticos": varones celosos por ver el cuerpo local crecer en semejanza a Cristo y traer gloria a Dios.

En este capítulo, consideraremos el ejemplo de uno de los más grandes eclesiásticos que han existido, el apóstol Pablo.

UN HOMBRE QUE AMABA A LA IGLESIA

Casi se queda corto decir que Pablo amaba a la iglesia. Él oró, lloró, trabajó y, literalmente, sangró por la iglesia. En el curso

---

1. Charles Spurgeon, "The Best Donation" (No. 2234), una exposición de 2 Corintios 8:5, predicada el 5 de abril de 1891 en el Metropolitan Tabernacle en Londres, Inglaterra.

de su ministerio misionero, el incansable apóstol plantó, visitó, instruyó, reprendió, restauró y volvió a visitar numerosas congregaciones de creyentes. La iglesia consumía su vida porque, como él mismo lo explicó: "Para mí el vivir es Cristo" (Filipenses 1:21) y servir al Señor significa servir a su cuerpo.

La pasión de Pablo por la iglesia fue evidente desde el inicio de su obra misionera. Cuando él y Bernabé viajaron por las ciudades de Iconio y de Listra durante su primer viaje misionero, encontraron una intensa persecución. Tanto así que, en Listra, Pablo fue apedreado por una muchedumbre enfurecida hasta que lo dieron por muerto. Él no se dejó intimidar, se levantó y, valientemente, regresó a la ciudad. El siguiente día, él y Bernabé viajaron a Derbe, donde predicaron el evangelio y muchas almas más fueron ganadas para Cristo.

Derbe era la última parada de su travesía, pero Pablo no estaba listo para terminar. Él y Bernabé decidieron regresar a casa por el mismo camino por el que habían venido, de vuelta por las ciudades que los habían maltratado y violentado. ¿Por qué? Lucas documentó la respuesta en Hechos 14:21-23. En referencia a Derbe, escribió:

> Después de anunciar el evangelio a aquella ciudad y de hacer muchos discípulos, volvieron a Listra, a Iconio y a Antioquía, confirmando los ánimos de los discípulos, exhortándoles a que permaneciesen en la fe, y diciéndoles: Es necesario que a través de muchas tribulaciones entremos en el reino de Dios. Y constituyeron ancianos en cada iglesia, y habiendo orado con ayunos, los encomendaron al Señor en quien habían creído.

Pablo y Bernabé viajaron de regreso hacia el peligro porque estaban más preocupados por las iglesias que habían plantado que por su propia seguridad. Según el relato de los Hechos, los misioneros trabajaron para lograr cuatro propósitos muy específicos: 1) confirmar los ánimos de los que habían creído; 2) exhortar los creyentes a permanecer en la fe; 3) animarlos a perseverar, sabiendo que pasarían por muchas pruebas antes de entrar en el reino de Dios; y 4) constituir líderes en estas iglesias que pastorearan al pueblo después de la partida de Pablo y de Bernabé. Ellos estuvieron dispuestos a poner en riesgo su vida con tal de asegurarse de que todas las congregaciones estuvieran plenamente establecidas y crecieran en la Palabra.

LOS FACTORES QUE MOTIVARON EL AMOR DE PABLO

¿Qué motivó el amor intenso y valiente de Pablo por la iglesia? ¿Qué movió al apóstol a regresar, incluso cuando era asaltado físicamente por turbas violentas o atacado con palabras por los falsos maestros? Consideremos tres factores que motivaron el amor de Pablo por el cuerpo de Cristo. Estos mismos factores deberían encender una pasión similar en nuestro corazón.

Motivación 1: Su amor por el Salvador

En primer lugar, el amor de Pablo por la iglesia fluía de su entendimiento y experiencia del amor de Cristo por él. Antes de su conversión, Pablo fue enemigo de la iglesia. En Gálatas 1:13, describió su estado como inconverso: "Ya habéis oído acerca de mi conducta en otro tiempo en el judaísmo, que perseguía sobremanera a la iglesia de Dios, y la asolaba". Sin embargo, el antiguo perseguidor rápidamente se convirtió en uno de los promotores más importantes de la iglesia. Al convertirse y bautizarse, *de inmediato* comenzó a proclamar a Jesús en la sinagoga, diciendo: "Este era el Hijo de Dios" (Hechos 9:20). El amor del Salvador por Pablo, un amor que había perdonado sus pecados y lo había inmerso en una relación salvadora con Dios, constituyó una poderosa motivación en su corazón. Una vez que Pablo experimentó el amor de Cristo, fue transformado para siempre. En 2 Corintios 5:14-15, Pablo explicó la naturaleza vinculante del amor de Cristo por él. Esto fue lo que escribió: "El amor de Cristo nos constriñe, pensando esto: que si uno murió por todos, luego todos murieron; y por todos murió, para que los que viven, ya no vivan para sí, sino para aquel que murió y resucitó por ellos". Pablo ya no estaba siendo controlado por sus propios deseos, sino más bien por el amor de Cristo. La palabra que se traduce "constriñe" se refiere a la clase de autoridad que exhibe el general de un ejército o el guardia de una cárcel. Al igual que un soldado que está obligado a seguir órdenes o, incluso, como un prisionero tras barrotes, el apóstol estaba encerrado, asediado y dominado por el amor de Cristo. Esta realidad suprema lo movía a vivir para el Señor y no para sí mismo.

La influencia controladora del amor de Cristo es evidente en el mandato de Pablo de predicar el evangelio. En 1 Corintios 9:16, explicó: "Me es impuesta necesidad; y ¡ay de mí si no anunciare el evangelio!". Pablo no permitió que ninguna dificultad le impidiera obedecer este mandamiento y edificar a los santos. En 1 Tesalonicenses 2:2, escribió: "Habiendo antes padecido y sido ultrajados en Filipos, como sabéis, tuvimos denuedo en nuestro Dios para anunciaros el evangelio de Dios en medio de gran oposición". Este es el corazón de un hombre dominado por el amor de Cristo y, por tanto, comprometido con la iglesia.

Las implicaciones del ejemplo de Pablo son profundas para nosotros como varones cristianos. Al igual que él, el hombre verdadero ama a la iglesia porque Cristo la amó y entregó su vida por ella. El hombre verdadero está comprometido con el pueblo de Dios porque su amor ahora domina su vida y lo capacita para morir a sí mismo, vivir para el Señor y servir de forma desinteresada a otros. Al considerar el ejemplo de Pablo, debemos preguntarnos: "¿Amo a la iglesia o se ha enfriado mi amor?". Si esto es así, la única solución es buscar a Cristo en humildad y arrepentimiento. Solo si volvemos a encender nuestra pasión por él, podemos retomar nuestro amor por su novia, la iglesia.

Motivación 2: Las necesidades de los santos

Una segunda razón por la que Pablo amaba a la iglesia es que amaba a quienes conformaban la iglesia: los santos. Su mayor gozo en esta tierra era estar con el pueblo de Dios, enseñarles y animarlos. Se deleitaba en servirlos y proveer para sus necesidades espirituales, incluso cuando esto representara un gran costo para sí mismo.

El patrón de Pablo en el Nuevo Testamento fue viajar, proclamar el evangelio y plantar iglesias. En ocasiones, se quedaba en una iglesia durante muchos meses, como en el caso de Corinto, pero su método normal era moverse de ciudad a ciudad. Junto con Timoteo, Tito y otros, Pablo tuvo mucho cuidado de constituir en todas las iglesias ancianos que las supervisaran y las protegieran. Este era un trabajo arduo que implicaba muchas dificultades físicas y peligros constantes. Y, una vez que Pablo partía de una ciudad, *jamás se olvidaba de la iglesia*. En 2 Corintios 11:23-28, él enumeró algunas de las dificultades que enfrentó en sus viajes misioneros:

> [He estado] en trabajos [...]; en azotes sin número; en cárceles más; en peligros de muerte muchas veces. De los judíos cinco veces he recibido cuarenta azotes menos uno. Tres veces he sido azotado con varas; una vez apedreado; tres veces he padecido naufragio; una noche y un día he estado como náufrago en alta mar; en caminos muchas veces; en peligros de ríos, peligros de ladrones,

peligros de los de mi nación, peligros de los gentiles, peligros en la ciudad, peligros en el desierto, peligros en el mar, peligros entre falsos hermanos; en trabajo y fatiga, en muchos desvelos, en hambre y sed, en muchos ayunos, en frío y en desnudez; y además de otras cosas, *lo que sobre mí se agolpa cada día, la preocupación por todas las iglesias.*

¡Qué lista tan asombrosa! Seamos honestos. Después de pasar por lapidaciones, azotes, naufragios y una vida llena de peligros, la mayoría de nosotros se habría rendido, pero no así Pablo. No solo soportó todas estas dificultades, sino que algo incluso más importante se agolpaba sobre él: su preocupación por todas las iglesias. Su amor por los santos tenía más peso para él que cualquier otra cosa.

En 2 Corintios 11:29, obtenemos otro vistazo notable al corazón del apóstol. Él escribe esto: "¿Quién enferma, y yo no enfermo? ¿A quién se le hace tropezar, y yo no me indigno?". De manera similar, en 1 Corintios 12:26 afirmó: "Si un miembro padece, todos los miembros se duelen con él, y si un miembro recibe honra, todos los miembros con él se gozan". Lo increíble es que Pablo se dedicó de forma personal al bienestar espiritual de todos los creyentes que estaban bajo su cuidado pastoral. Si otro creyente se debilitaba, él mismo se debilitaba también.

La primera carta de Pablo a los Tesalonicenses nos vuelve a demostrar su intenso amor por los santos. Aunque ya no estaba en Tesalónica, todavía anhelaba verlos (2:17). Ellos habían sufrido muchas aflicciones y Pablo estaba preocupado de que su fe fallara. Él anhelaba alentarlos en persona, pero, ya que no podía ir él mismo, envió a Timoteo para asegurarse de que permanecieran firmes. Incluso después de que Timoteo regresó con un buen informe, el apóstol sentía la carga de visitarlos para completar lo que faltaba a su fe (3:10). Tal como fue el caso con todas las iglesias que plantó Pablo, él amaba profundamente a los tesalonicenses. Él seguía preocupándose por todas las iglesias, incluso cuando ya no estaba presente con ellos.

Sin embargo, la ausencia de Pablo no le impidió continuar su trabajo pastoral. Estar separado de las iglesias llevó al apóstol a una fuente más grande de poder sustentador: el Señor mismo. Cuando no podía visitar en persona una iglesia, aliviaba su preocupación orando por las personas. Sus palabras en Filipenses 4:6-7 debieron serle un recordatorio constante de no preocuparse por aquellos a quienes amaba. Aunque había contención dentro de la congregación en Filipos (Filipenses 4:2-3), el apóstol consoló a sus lectores y a sí mismo con estas palabras: "Por nada estéis afanosos, sino sean conocidas vuestras peticiones delante de Dios en toda oración y ruego, con acción de gracias. Y la paz de Dios, que sobrepasa todo entendimiento, guardará vuestros corazones y vuestros pensamientos en Cristo Jesús". La oración continua y ferviente por las iglesias era la forma principal de Pablo de amarlos mientras estaba lejos de ellos (cp. Romanos 1:9; Efesios 1:17). La intensidad de su intercesión reflejaba la profundidad de su afecto.

El amor de Pablo por la iglesia puso una demanda consumidora en su vida. Incluso en medio de peligros de muerte, pruebas y aflicciones, Pablo llevaba sobre sus hombros la carga y la preocupación por las iglesias. Les escribió desde la cárcel; se comprometió de forma personal con su bienestar y crecimiento espirituales. Oró continuamente por ellos para que pudieran crecer en el conocimiento de Cristo. Su vida se vio consumida por las iglesias porque amaba a las personas que formaban parte de ellas, con todo y sus defectos. ¡Qué ejemplo tan exhortador para nosotros!

Motivación 3: La identidad de la iglesia

Una tercera motivación que vemos demostrada en el ministerio de Pablo es que su amor por la iglesia se derivaba de su entendimiento de la identidad única de esta como posesión preciada de Dios. Al escribir a Timoteo, su hijo en la fe, Pablo dijo: "Te escribo [...] para que si tardo, sepas cómo debes conducirte en la casa de Dios, que es la iglesia del Dios viviente, columna y baluarte de la verdad" (1 Timoteo 3:14-15). La descripción del apóstol deja claro que la iglesia no es como ninguna otra institución en la tierra. Es única y está siendo edificada por Cristo mismo (Mateo 16:18). Es *la iglesia del Dios viviente* y esto la diferencia de cualquier otra cosa en la tierra.

De manera similar, otros pasajes del Nuevo Testamento identifican a la iglesia como posesión del Señor. En diferentes lugares, es descrita como el cuerpo de Cristo (Efesios 1:22-23), la novia de Cristo (Apocalipsis 21:9), la grey de Dios (1 Pedro 5:2), la labranza de Dios (1 Corintios 3:9), el templo de Dios (1 Corintios 3:16-17) y la familia de Dios (Efesios 2:19). Es evidente que pertenece a Él. En Hechos 20:28, Pablo se refirió a ella como "la iglesia del Señor, la cual él ganó por su propia sangre", es decir, por la sangre de su Hijo Jesucristo. Dios la redimió, "no con cosas corruptibles, como oro o plata, sino con la sangre preciosa de Cristo, como de un cordero sin mancha y sin contaminación" (1 Pedro 1:18-19). De hecho, el Señor salvó a todos los creyentes para "purificar para sí un pueblo propio, celoso de buenas obras" (Tito 2:14). Tal como 1 Pedro 2:9 afirma, la iglesia consiste en un "pueblo adquirido por Dios, para [anunciar] las virtudes de aquel que [los] llamó de las tinieblas a su luz admirable".

En el Nuevo Testamento, la palabra griega que usualmente se traduce "iglesia" es *ekklesía*. Esta palabra conlleva la idea de "los llamados", los que fueron llamados de entre el mundo, redimidos por la sangre de Jesús y hechos partícipes de una comunión con

Él y con sus seguidores. En un sentido general, el término *ekklesía* se aplica a todos los creyentes en todo lugar, a la iglesia universal. Sin embargo, también describe a las iglesias locales. Como parte de la iglesia global, cada congregación local es en sí misma posesión del Señor, siempre y cuando esté formada por verdaderos discípulos. Recordar esta verdad fue una poderosa motivación para Pablo. También debería serlo para nosotros. Después de todo, ¿qué mayor privilegio podríamos tener que servir en la obra misma de Dios?

La iglesia es posesión de Dios porque está compuesta por santos redimidos y cada uno de ellos le pertenece a Él. No es un edificio físico, sino más bien una congregación de santos salvados por gracia y comprados por Cristo. Los creyentes aman a la iglesia porque fueron comprados para ser parte de ella por el Señor, que es su dueño. Cuando se entregan a Él, están deseosos de darse también a su pueblo. Spurgeon dijo esto también:

> Si te has entregado al Señor, entrégate ahora a su pueblo para que, junto con él, des testimonio de Cristo. Existe allí una cierta cantidad de personas que, con todas sus fallas, son verdaderos seguidores de Cristo. Únete a ellos y di: "Yo también soy seguidor de Cristo". Esto es lo que significa ser miembro de la Iglesia. Es como decir: "El mundo está dividido en dos bandos; yo soy del bando del Rey Jesús y bajo su bandera peleo como uno de los que da testimonio de las Verdades sobre Dios que Él mismo ha revelado".[2]

La iglesia es la posesión especial del Señor. ¡Qué privilegio es ser parte de ella!

---

2. Ibid.

IMITEMOS EL AMOR DE PABLO POR LA IGLESIA

Tenemos la tremenda bendición de poder aprender de quienes han caminado en la fe antes que nosotros y nos han puesto ejemplo a seguir. Con respecto a nuestro amor por la iglesia, el apóstol Pablo es un modelo digno de imitar (cp. 1 Corintios 11:1). Él amó a la iglesia porque fue controlado por el amor de Cristo, se preocupó por las necesidades de los santos y fue cautivado por el privilegio único de participar en el avance del reino de Dios. La perspectiva de Pablo debe ser también la nuestra. Dios diseñó a la iglesia para que cada uno de sus miembros contribuyera al todo (1 Corintios 12:14-16). ¡Esto nos incluye a nosotros! El Señor no solo nos salvó del pecado y nos hizo hijos suyos, sino que también nos ofrece la oportunidad de servir a otros miembros de su familia. A la luz de este privilegio, ¿cómo puede un cristiano no amar a la iglesia?

PREGUNTAS DE REFLEXIÓN PERSONAL

1. ¿Qué fue lo más interesante que aprendiste sobre la vida de Pablo en este capítulo?
2. ¿Qué revela la actitud de una persona hacia la iglesia sobre la condición de su corazón?
3. En una frase, ¿cómo describirías la actitud de Pablo hacia la iglesia?
4. Según este capítulo, ¿qué motivó el amor de Pablo por la iglesia? ¿En qué medida ves esas mismas motivaciones en tu propia vida? ¿Dónde hay espacio para mejorar?
5. ¿Las problemas dentro de una iglesia local justifican un desagrado por la iglesia local? ¿De qué forma respondería un hombre piadoso a la presencia de problemas en su iglesia?
6. ¿Qué estás haciendo (o qué debes hacer) para ser una influencia positiva en tu iglesia?

7. Lee los "Pasajes bíblicos para profundizar más". Al hacerlo, menciona de qué forma cada pasaje afirma, aclara o aplica las verdades que has aprendido en la lectura de este capítulo. ¿Algún otro versículo te viene a la mente?

PASAJES BÍBLICOS PARA PROFUNDIZAR MÁS

Mateo 16:18; 1 Corintios 12:13-27; 2 Corintios 11:26-28; Efesios 2:19-22; Efesios 5:25-27; 1 Timoteo 3:15; Hebreos 10:23-25; 1 Pedro 4:10-11.

APÉNDICE

El hombre verdadero busca la pureza

BILL SHANNON

El entorno moral de la cultura hoy empeora cada vez más. La era del entretenimiento ha generado un conjunto de nuevas tentaciones mediante el cine, la televisión y el internet. Para los varones cristianos, el llamado a la pureza nunca ha sido más oportuno ni adecuado. En esta corta lección, consideraremos cinco advertencias para quienes pueden verse tentados por la pornografía y otras formas de pecado sexual. Luego, al final, hablaremos de cinco pasos prácticos para experimentar la victoria en esta área de la vida.

CINCO ADVERTENCIAS

Advertencia 1: Está alerta, no sea que caigas

En 1 Pedro 5:8, el apóstol instruyó a sus lectores con estas palabras: "Sed sobrios, y velad; porque vuestro adversario el diablo, como león rugiente, anda alrededor buscando a quien devorar". Este versículo es un llamado vital a estar alertas, en especial en el tema de la pureza moral. Observa que Pedro utilizó dos imperativos en su advertencia: "sed sobrios" y "velad". Estos dos mandatos nos llaman a actuar de inmediato. La vida del hombre piadoso está caracterizada por el autocontrol y por un estado de alerta espiritual contra el enemigo.

Los hombres que buscan la pureza toman en serio a su adversario. Satanás es astuto y sabe que nuestra carne es débil. Él ha estado en el negocio de la tentación durante mucho tiempo. Él anda siempre merodeando y su *modus operandi* es la sutileza. Usualmente, la tentación no surge de un lugar evidente, sino inesperado, como un folleto publicitario en el periódico o la revista en la caja del supermercado. Por eso, el hombre piadoso siempre debe estar listo para resistir la tentación y proteger su corazón y su mente.

Satanás no solo anda merodeando, sino que también busca "a quien devorar". Su meta es destruir por completo a sus víctimas. La frase "como león rugiente" describe su determinación en su actividad contra los creyentes. Los sistemas del mundo han sido inundados con obscenidades para desviar a los varones de una vida de devoción a Jesucristo.

Los cristianos deben tomar en serio las advertencias de las Escrituras. Satanás es proactivo en sus tentaciones, así que los creyentes deben ser igual de proactivos en ponerse la armadura de Dios y permanecer firme contra los dardos de fuego del maligno (Efesios 6:10-17).

Advertencia 2: La lujuria es un pecado grave

En Mateo 5:27-28, Jesús dijo a sus oyentes: "Oísteis que fue dicho: No cometerás adulterio. Pero yo os digo que cualquiera que mira a una mujer para codiciarla, ya adulteró con ella en su corazón". Las palabras de nuestro Señor dejan claro que Dios trata los pecados del corazón y de la mente con gran seriedad. Nosotros también deberíamos hacerlo.

La lujuria nunca es un "pecado secreto", como tantos lo creen. Dios lo sabe todo (Proverbios 5:20-23; 15:3) y también la persona culpable experimenta vergüenza y remordimiento por sus pensamientos y actos pecaminosos. El creyente que piensa que puede seguir escondiendo su pecado descubrirá que Dios no puede ser burlado (Proverbios 28:13). Si no se arrepiente, debe esperar ser disciplinado por el Señor.

La única respuesta correcta a los pensamientos pecaminosos es renovar tu mente todos los días en la Palabra y alejarte tanto como puedas de las posibles tentaciones. "No proveáis para los deseos de la carne" (Romanos 13:14). Esto puede significar eliminar la televisión, el cine o el internet, incluso durante períodos largos. También puede requerir cambiar ciertas rutinas o ya no pasar tiempo con ciertas personas. Asimismo, puede incluir estar dispuesto a rendir cuentas, un tema que trataremos más tarde.

La lujuria es una forma de idolatría. En su esencia, es egoísta y es el polo opuesto al amor. No busca servir a otros, sino solo a sí misma. Si permites que crezca, inevitablemente te llevará a la ruina. En su epístola, Santiago lo explicó de esta manera: "Cada uno es tentado, cuando de su propia concupiscencia es atraído y seducido. Entonces la concupiscencia, después que ha concebido, da a luz el pecado; y el pecado, siendo consumado, da a luz la muerte" (Santiago 1:14-15).

La batalla contra la lujuria comienza en la mente. Es allí donde debe ganarse la guerra por la pureza.

Advertencia 3: El Señor es el vengador

Observa lo que les dijo el apóstol Pablo a los tesalonicenses:

> pues la voluntad de Dios es vuestra santificación; que os apartéis de fornicación; cada uno de vosotros sepa tener su propia esposa en santidad y honor; no en pasión de concupiscencia, como los gentiles que no conocen a Dios; que ninguno agravie ni engañe en

nada a su hermano; porque el Señor es vengador de todo esto, como ya os hemos dicho y testificado. Pues no nos ha llamado Dios a inmundicia, sino a santificación (1 Tesalonicenses 4:3-7).

Las ciudades paganas del mundo romano del siglo I estaban caracterizadas por una inmoralidad generalizada. Pablo instruyó a los creyentes a apartarse por completo de este tipo de inmundicia y, en cambio, ejercer el dominio propio y la piedad.

Un comentarista explica lo siguiente con respecto al pasaje anterior:

> Los cristianos no deben rebajarse al nivel del comportamiento sexual pagano, determinado tan solo por pasiones irreflexivas e impulsos carnales descontrolados. Los creyentes no deben someterse al amplio espectro de tentaciones inmorales sexuales en la sociedad impía porque tienen una relación íntima con el Dios santo (cp. 2 Ti. 2:22; 1 Jn. 2:15-16). Exponerse demasiado a tales tentaciones disminuye la resistencia propia y la indignación personal, debilitando así la virtud y la resolución espiritual. Las Escrituras advierten a los hijos de Dios que se alejen e incluso huyan de toda inmoralidad (1 Co. 6:18). Los pensamientos y sentimientos lascivos pueden llevar a los creyentes a acciones completamente incongruentes con su posición en el cuerpo de Cristo (cp. 1 Co. 6:15-20).[1]

Observa que 1 Tesalonicenses 4:6 afirma que Dios es vengador de los que persisten en el pecado sexual. Él disciplinará a quienes

---

1. John MacArthur, *1 y 2 Tesalonicenses, 1 y 2 Timoteo, Tito* (Grand Rapids, MI: Portavoz, 2002), 108.

no se arrepientan y, a menudo, les permitirá sufrir consecuencias devastadoras como resultado de sus necias decisiones. El prospecto de un castigo veloz por parte del Señor debe servir como fuerte disuasor para todo el que sea tentado de esta manera.

En el versículo 7, se da una razón positiva de por qué los creyentes no deben permitirse ser manchados por la inmoralidad. Han sido llamados por Dios para pureza y santificación. ¡El Señor ha llamado a su pueblo a ser santo! Como contraparte, les ha mandado rechazar toda forma de inmundicia moral.

Pablo concluye este párrafo con una advertencia final: "El que desecha esto, no desecha a hombre, sino a Dios, que también nos dio su Espíritu Santo". Los que ignoran el llamado a la pureza sexual desechan también la autoridad del Señor. Cualquiera que se dice cristiano y que persiste en comportamientos pecaminosos haría bien en considerar si en verdad está en la fe (cp. 2 Corintios 13:5; Gálatas 5:19-21).

Advertencia 4: El pecado sexual destruye a sus víctimas

Considera los siguientes versículos del libro de Proverbios:

Proverbios 5:3-5: Los labios de la mujer extraña destilan miel, y su paladar es más blando que el aceite; mas su fin es amargo como el ajenjo, agudo como espada de dos filos. Sus pies descienden a la muerte; sus pasos conducen al Seol.

Proverbios 5:20-23: ¿Y por qué, hijo mío, andarás ciego con la mujer ajena, y abrazarás el seno de la extraña? Porque los caminos del hombre están ante los ojos de Jehová, y él considera todas sus veredas. Prenderán al impío sus propias iniquidades, y retenido será con las cuerdas de su pecado. Él morirá por falta de corrección, y errará por lo inmenso de su locura.

Proverbios 6:32-33: El que comete adulterio es falto de entendimiento; corrompe su alma el que tal hace. Heridas y vergüenza hallará, y su afrenta nunca será borrada.

Proverbios 7:22-27: [El necio] se marchó tras [la ramera], como va el buey al degolladero, y como el necio a las prisiones para ser castigado; como el ave que se apresura a la red, y no sabe que es contra su vida, hasta que la saeta traspasa su corazón. Ahora pues, hijos, oídme, y estad atentos a las razones de mi boca. No se aparte tu corazón a sus caminos; no yerres en sus veredas. Porque a muchos ha hecho caer heridos, y aun los más fuertes han sido muertos por ella. Camino al Seol es su casa, que conduce a las cámaras de la muerte.

Estos pasajes dejan perfectamente claro que el camino de la impureza conduce a la destrucción. Los que lo siguen, encontrarán su propia perdición.

Advertencia 5: La perversión moral degenera y esclaviza

En Romanos 1:18-32, Pablo describió la espiral descendente que sucede cuando la sociedad rechaza al Dios verdadero. Parte de este descenso incluye perversión moral. En cuanto a los impíos, Pablo escribió: "Habiendo conocido a Dios, no le glorificaron como a Dios, ni le dieron gracias, sino que se envanecieron en sus razonamientos, y su necio corazón fue entenebrecido […]. Por lo cual también Dios los entregó a la inmundicia, en las concupiscencias de sus corazones, de modo que deshonraron entre sí sus propios cuerpos" (vv. 21, 24).

Estos versículos describen a los incrédulos, de manera que, cuando los creyentes participan del lodo cenagoso de la cultura incrédula, ¡están actuando como paganos! La inmoralidad que caracteriza a la sociedad secular es un resultado de su rechazo colectivo hacia Dios. No lo honran ni le dan gracias. El que se dice creyente y que está atrapado en la misma red de inmundicia manifiesta el mismo espíritu de ingratitud.

No glorificar a Dios ni darle gracias lleva a la mente a las tinieblas y a la irracionalidad. En palabras de un autor: "El necio corazón que rechaza y no glorifica a Dios no recibe iluminación ni es libertado [...], sino que por el contrario se vuelve entenebrecido espiritualmente y más esclavizado al pecado [...]. Tinieblas espirituales y perversión moral son cosas inseparables. Cuando el hombre desprecia a Dios, desprecia la virtud".[2] Mientras más cede el hombre a este tipo de tentación, más esclavizado y degenerado se vuelve. Por eso es tan importante que el varón cristiano huya de la inmoralidad (1 Corintios 6:18).

CINCO PASOS PRÁCTICOS

Los que han pecado en esta área deben reconocer la gravedad de lo que han hecho y arrepentirse de esto. Los siguientes cinco pasos prácticos (explicados solo de forma breve aquí) los ayudarán a dar la espalda a su pecado y a encontrar victoria en esta área de su vida.

Paso 1: Admite tu pecado y asume la responsabilidad total

Es imposible un cambio verdadero si no estás dispuesto a arrepentirte de tu pecado y a someterte a la Palabra de Dios. El arrepentimiento incluye confesión, admitir que te equivocaste y que necesitas el perdón de Dios (Salmos 51:4) y su ayuda (cp. 1 Corintios 10:13). Reconoce que el amor a ti mismo es la raíz de tu pecado. Debes reconocer como tal esta idolatría y abandonarla.

---

2. John MacArthur, *Romanos* (Grand Rapids, MI: Portavoz, 2010), 116.

Luego, regocíjate en la realidad del perdón de Dios (1 Juan 1:9) y comprométete a andar en pureza.

Paso 2: Reconoce que la lujuria es una mentira

La tentación se fundamenta en promesas falsas. La idea de que la satisfacción se encuentra en una fantasía (o fuera de los parámetros de Dios) es totalmente falsa. Solo Dios puede satisfacer de verdad. El gozo duradero y la felicidad verdadera solo provienen de Él cuando vivimos conforme a sus mandamientos. Cuando aceptes esta verdad, habrás hecho un descubrimiento precioso. Esto te ayudará a proteger tu corazón la siguiente vez que se te aparezca la tentación. Al igual que el típico vendedor de autos usados, la tentación hace promesas maravillosas, pero, al final, tan solo te vende chatarra.

Paso 3: Cambia tu estilo de vida para evitar la tentación

A veces, arrepentirse requiere un cambio de vida radical. A menudo, esto es así cuando el pecado es especialmente esclavizante. De manera que cambia tus rutinas y haz todo a tu alcance para evitar la posibilidad de la tentación. Comienza a renovar tu vida mediante la memorización y la meditación en las Escrituras. Escucha sermones y alabanzas. Llena tu mente con lo que es justo, santo y bueno para eliminar los pensamientos pecaminosos (Filipenses 4:8). La meta para despojarte del pecado es no permitir su entrada en tu vida.

Paso 4: Ancla tu corazón en la Palabra de Dios

El proceso de cambio debe estar fundamentado en tu vida devocional, de otra manera, no durará. Los pecados del corazón requieren mucho más que los cambios superficiales en conductas externas. Más bien, requieren una renovación del corazón y esto solo sucede cuando el Espíritu de Dios usa su Palabra

El hombre verdadero busca la pureza 223

para transformar tu corazón (Hebreos 4:12). Tu mente debe estar dominada por las cosas de Cristo y por su Palabra. Permite que la verdad bíblica more en abundancia en ti (Colosenses 3:16) y reconoce que la Palabra es la espada del Espíritu, que te ha sido dada para defenderte de la tentación (Efesios 6:17). Disciplínate para la piedad mediante la lectura bíblica y la oración (1 Timoteo 4:7). Gálatas 5:16 lo expresa así: "Andad por el Espíritu, y no cumpliréis el deseo de la carne" (LBLA). Busca que la justicia y la integridad sean las directrices de tu vida. Por tus ojos en Cristo (Hebreos 12:1-2) y cultiva un temor sano del Señor (Proverbios 14:27).

Paso 5: Rinde cuentas a otros

Finalmente, encuentra a un varón piadoso confiable y ríndele cuentas. Si estás casado, pide ayuda también a tu esposa. Asegúrate de que esta persona no tenga miedo de hacerte preguntas difíciles y que te conozca lo suficiente para identificar cuando estés mintiendo. Si la meta es tener victoria sobre el pecado, debes estar dispuesto a hacer lo que sea para obtenerla. No debes avergonzarte de pedir ayuda a otros. Este es un aspecto clave de la vida cristiana (Gálatas 6:1).

Recuerda que llevas el nombre de Cristo. Por causa de tu testimonio y de tu utilidad para su reino, haz lo que sea necesario para despojarte del pecado que te asedia y comienza a andar en piedad.

PASAJES BÍBLICOS PARA PROFUNDIZAR MÁS

Job 31:1; Salmos 119:9-11; Proverbios 5:20-23; Mateo 5:27-30; Romanos 13:12-14; 1 Corintios 6:9-11; 2 Corintios 12:21; Efesios 5:3-5; Colosenses 3:5-7; 1 Tesalonicenses 4:3-7; Hebreos 13:4.

EDITORIAL PORTAVOZ

NUESTRA VISIÓN

Maximizar el efecto de recursos cristianos de calidad que transforman vidas.

NUESTRA MISIÓN

Desarrollar y distribuir productos de calidad —con integridad y excelencia—, desde una perspectiva bíblica y confiable, que animen a las personas a conocer y servir a Jesucristo.

NUESTROS VALORES

Nuestros valores se encuentran fundamentados en la Biblia, fuente de toda verdad para hoy y para siempre. Nosotros ponemos en práctica estas verdades bíblicas como fundamento para las decisiones, normas y productos de nuestra compañía.

Valoramos la excelencia y la calidad
Valoramos la integridad y la confianza
Valoramos el mérito y la dignidad de los individuos
 y las relaciones
Valoramos el servicio
Valoramos la administración de los recursos

Para más información acerca de nuestra editorial y los productos que publicamos visite nuestra página en la red: www.portavoz.com